Livre de recettes
WOK

150 recettes uniques de wok

Pour débutants et avancés !

Doan Nhu Dang

Préface

Le wok a été inventé il y a environ 3 000 ans en Chine, plus précisément dans le Guangdong, à Guangzhou. En raison du manque de carburant dans l'une des régions les plus peuplées de Chine, l'accent a été mis sur les temps de cuisson courts afin d'utiliser efficacement les maisons pour le plus grand nombre de personnes possible. Des parois minces pour un chauffage rapide ainsi qu'une taille supérieure à la moyenne pour la préparation de grandes quantités ont ouvert la voie au poêle spécial qui est encore connu dans le monde entier aujourd'hui. La proximité de préférences culinaires similaires aux régions voisines a rapidement assuré sa propagation sur tout le continent asiatique. Et depuis la tentation des cultures asiatiques de la fin du 18ème siècle, il a lentement conquis d'autres régions du monde. Et avec sa propagation, la tentation gustative dans l'assiette était également encouragée. Ce n'est pas sans raison que de nombreux plats énumérés dans ce livre font maintenant partie de l'image culinaire de chaque (grande) ville. De nombreux repas bénéficient également de leur propre exotisme et d'un appétit personnel au-delà de l'assiette habituelle. Dans la section recettes, vous trouverez quelques suggestions. Vous trouverez facilement que des plats pas si exotiques qu'il peut tout aussi bien être préparé avec un wok lisse. Plongeons donc d'abord dans le monde merveilleux de la cuisine au wok avec quelques conseils pratiques. Alors vous pouvez déjà commencer à découvrir en direct dans votre cuisine des viandes de toutes sortes, des légumes ou du tofu, des nouilles ou du riz et même des desserts sucrés. Dans cet esprit...

Jouir !

CONTENU

1. Qu'est-ce qui fait un bon wok ?..9
   1.1 La particularité de la cuisson au wok..18

2. Conseils pratiques pour manipuler le wok......................23
   2.1 Travail facile avec le wok..23
   2.2 Le rituel de la cuisine..34

3. Recettes..39
   3.1 Collations et apéritifs..39
   Construction de San Choy..40
   Omelette farcie..42

Boulettes de bœuf à la noix de coco..........44
Brochettes de satay..........46
Légumes aromatiques..........48
Rouleaux de printemps au poulet vietnamien..........50
Légumes au miel et au soja..........52
Pétoncles rôtis..........54
Tom Ka Gung (soupe de crevettes thaïlandaise)..........56
Soupe de nouilles épicée..........58
Biscuits de poisson..........60
Soupe miso..........62
Légumes en tempura..........64
Boulettes de maïs thaïlandaises..........66
Granulés de volaille avec trempette..........68
Mélange de haricots et de shiitake..........70
3.2 Viande et hachis..........72
Viande aigre-douce poêlée..........72
Bœuf thaïlandais..........74
La viande de pois mange..........76
Filet de porc à la moutarde et au miel..........78
Bœuf mariné..........80
Bœuf thaïlandais braisé..........82
Viande de gingembre..........84
Bœuf Chop-Suey..........86
Bo Bun..........88
Boulettes de viande au curry..........90
Flamme de moutarde douce..........92
Viande d'aubergine épicée..........94
Colonne vertébrale de porc au sésame..........96
Carottes au caramel..........98
Agneau du Cachemire..........100
Viande de poivre..........102
3.3 Poulet et canard..........104
Curry de canard à l'ananas..........104

Poulet aux olives...........106
Dinde orientale...........108
Poulet à l'orange et au gingembre...........110
Curry de poulet indien...........112
Poulet Masala...........114
Noix-Turquie...........116
Poulet au soja et nouilles croustillantes...........118
Poulet indien...........120
Lime chicken à la Nonya...........122
Poulet au caramel...........124
Dinde à la mangue...........126
Poulet au citron...........128
Poulet sucré-chaud...........130
Magret de canard fruité...........132
Canard aux prunes...........134
3.4 Poissons d'eau douce et d'eau de mer...........136
Masala de morue...........136
Curry de poisson vert...........138
Sébaste Sambal...........140
Daurade à vapeur...........142
Baudroie au gingembre...........144
Morue dans la mer de coco et basilic...........146
Poisson frit...........148
Côtelettes de poisson au piment...........150
Espadon frais...........152
Thon mariné avec nouilles aux œufs...........154
Poisson croustillant...........156
Curry de poisson malais...........158
Poisson à la tomate...........160
Banane et noix de coco...........162
3.5 Crevettes et fruits de mer...........164
Soupe de nouilles et de chair de crabe...........164
Omelette aux crevettes...........166

Crabe à la tomate épicé..168
Pétoncles indiens...170
Bébé poulpe..172
Mirin Fruits de mer..174
Crevettes Teriyaki rôties..176
Pétoncles à la sauce aux haricots noirs......................................178
Fruits de mer au chili et aux prunes...180
Calmar balinais..182
Crevettes exotiques..184
Chair de crabe matcha..186
Poulpe épicé..188
Crevettes enrobées...190
Soupe d'écrevisses à la noix de coco..192
Crevettes au chou et à la noix de coco.......................................194
3.6 Légumes et produits végétariens..196
Oranges et carottes..196
Mélange de légumes pour wok..198
Curry de légumes thaïlandais..200
Aubergine à l'ail rôti...202
Épinards au wok aux noisettes..204
Curry de légumes..206
Concombre aigre-doux..208
Légumes braisés au miel..210
Chou-fleur thaïlandais...212
Légumes à la noix de coco...214
Aubergine épicée...216
Pommes de terre Masala...218
Légumes à la sauce aux arachides...220
3.7 Pâtes et riz..222
Nouilles poêlées et shiitake..222
Nouilles thaïlandaises croustillantes...224
Assiette de nouilles udon de porc..226
Riz aux oignons et poulet..229

Nouilles aux champignons	231
Nouilles de canard croustillantes	234
Riz jaune au chou frisé	236
Poulet Chow Mein	238
Riz cantonais au tofu	241
Viande à base de plantes sur vermicelles en verre	244
Riz frit provençal	246
Riz frit au brocoli	248
Nouilles en verre et légumes	250
Nouilles au chili et aux noix	252
Riz frit	254
Riz aromatisé aux œufs	256
3.8 Tofu et tempeh	258
Tofu et chou poêlés	258
Nouilles indonésiennes et curry de tofu	260
Tofu aux haricots noirs	262
Tofu croustillant à la sauce chili	264
Tofu mariné aux pois mange-tout	266
Tempeh au piment	268
Tofu frit dans un nid de nouilles aux œufs	270
Tofu à la Sin	272
Tofu croustillant avec sauce aux haricots	274
Phad Thai végétarien	276
Tofu dans un nid de nouilles d'arachide	278
Légumes asiatiques avec garniture de tofu Teriyaki	280
Tempeh végétal	282
Tofu de nouilles thaïlandaises	284
Sachets de tofu farcis	286
3.9 Desserts et bonbons	289
Ananas poêlé chaud et mangue	290
Melon sur vermicelles en verre	292
Curry de noix de coco sucré	294
Pommes au miel	296

Soupe exotique à la noix de coco..298
Semoule frite..300
Schmarrn aux poires..302
Légumes aux radis et poires..304
Ananas au rhum flambé..306
Banane cuite au four...308
Pêches à la bière..310
Baies de gingembre...312
Poires aux épices...314
Pommes caramélisées..316
3.10 Exceptionnel & Classique..318
Fromage farci..318
Bœuf Stroganoff..320
Rouleaux de pot..322
Porc aigre-doux...324
Agneau mongol...326
Canard Hoisin aux légumes...328
DHAL..330
Têtes de lion du Yangtsé...332
Paneer aux épinards fruités..334
Pommes de terre et saucisses poêlées..336
Orange de canard...338
Carottes poêlées orientales et patates douces...............................340
Œufs brouillés avec des légumes en Inde......................................342
Paella au wok..344

4. Conclusion..347

Légal..349

1. Qu'est-ce qui fait un bon wok ?

Le wok est particulièrement adapté aux petits ménages ou aux dîners individuels. Cette casserole spéciale n'est pas recommandée pour les grandes quantités, car la température diminue immédiatement à mesure que la quantité augmente à l'intérieur de la casserole sphérique spéciale avec poignées ou poignée. Encore une fois, cela conduit, en particulier pour la viande, à l'absorption du jus, ce qui a un effet contre-productif sur le croquant. Le principe est finalement de minimiser le temps de cuisson. Une solution pratique pour servir de grands groupes de personnes est de combiner plusieurs plats avec des saveurs différentes. Ils sont tous placés sur la table et chaque invité prend ce qu'il veut.

Conseil : Les plats de wok peuvent être brièvement conservés au chaud dans le plat recouvert de four à 60 degrés Celsius. Cela vous permet de préparer plusieurs plats l'un après l'autre tout en les servant ensemble.

Un wok original a en fait un fond rond. Cela est dû au fait qu'il était traditionnellement suspendu au-dessus d'une source d'incendie et ne devrait donc pas être installé. Maintenant, regardez de plus près le poêle dans votre maison : Oui, cela rendrait beaucoup plus difficile la manipulation de la plaque de cuisson - s'il n'y avait pas de couronnes en métal, ces supports permettent une bonne stabilité. C'est pourquoi les poêles wok ont été développés pour simplifier les tâches ménagères. Ceux-ci ont généralement un petit bord de positionnement sur la coque extérieure. Il existe également des copies à fond plat à utiliser sur la cuisson actuelle ou les plaques à gaz. Mais il y a encore d'autres critères à prendre en compte lors du choix du bon wok :

+ Matériel - Les woks se distinguent par leurs matériaux. Selon l'adéquation fonctionnelle à certains types de poêles, les propriétés des matériaux jouent un rôle différent, et pas seulement dans l'épaisseur des murs du wok. C'est pourquoi les quatre options les plus courantes sont examinées de plus près.

Aluminium : Les woks en aluminium sont typiquement européens et moins traditionnels. Cela est dû au risque élevé de déformation du matériau à des températures élevées - oui, dans les régions asiatiques, la cuisson à des températures beaucoup plus élevées que nous ne le savons. Le modèle le moins cher offre une merveilleuse conduction thermique et est également léger, mais manque malheureusement d'accumulation de chaleur. Son excellente conductivité le désigne presque comme la seule véritable option en matière de plaques vitrocéramiques.

Acier inoxydable : La solution universelle en argent brillant dans la cuisine convient aux températures élevées, mais n'a pas une bonne conduction et une bonne accumulation de chaleur. Les hauts murs latéraux sont donc difficiles à utiliser, surtout si le stockage intermédiaire est l'aspect principal du wok. Ces modèles ne conviennent qu'aux débutants. Pour éviter les rayures, il ne doit être utilisé qu'avec des ustensiles en plastique ou en bois. De plus, les cuisiniers professionnels savent que l'acier inoxydable peut altérer le goût de la volaille. Encore une fois, il n'a pas besoin d'être cuit au four, ce qui peut provoquer de la fumée.

Fonte : L'original est en fonte. Contrairement aux modèles asiatiques d'une épaisseur de 3 mm, les adaptations européennes ont généralement des parois de 9 mm Plus le mur est fin, meilleur est le wok pour le processus de cuisson. Ces types retiennent la chaleur particulièrement longtemps. Après un chauffage prolongé, l'accumulation de chaleur est excellente. La distribution uniforme de la chaleur nécessite une certaine expérience pratique ou de l'exercice pour empêcher les aliments de brûler. Il se caractérise également par sa longévité et sa stabilité. Ne mettez jamais ces copies lourdes au lave-vaisselle.

Tôle d'acier : le modèle standard des restaurants restaure l'atmosphère authentique d'un wok grâce à des murs minces et un chauffage rapide. Cependant, il se refroidit tout aussi rapidement. Sa légèreté permet une manipulation simple et une régulation ciblée de la chaleur vers l'extérieur. En ce qui concerne l'utilisation sur les poêles à induction, les unités monocouches doivent être évitées. Ils se déforment avec le temps. De plus, c'est le matériau le plus sensible à la corrosion.

+ Poids - Un grand poêle spécial doit d'abord être manipulé, même lorsqu'il est tourné. Le wok doit bien sûr être stable, mais il doit aussi être facile à manipuler. Bien sûr, cet aspect est déjà lié à la fonctionnalité précédente. Alors que les modèles en acier au carbone ou en aluminium pèsent environ 2 kg, les modèles en acier inoxydable pèsent déjà 3 kg et les produits en fonte atteignent près de 4 kg.

+ Taille - La taille joue également un rôle décisif. Un wok de 30 cm de diamètre, comme une grande casserole, devient rapidement trop petit. N'oublions pas que lors de la torréfaction, les plats complets sont généralement cuits ensemble et non dans deux poêles et trois casseroles différentes comme c'est traditionnellement le cas. Les plats pour quatre, cinq personnes ou plus nécessitent déjà une copie plus grande. Les modèles de 36 cm à 58 cm de diamètre sont recommandés. Mais le diamètre n'est pas le seul critère d'achat. En effet, la hauteur du bord peut jouer un rôle très pragmatique. Seuls ceux qui veulent réchauffer leurs ingrédients de manière exotique peuvent se contenter d'une hauteur marginale de 6 cm. Le professionnel, quant à lui, utilise des variantes de wok dont les bords peuvent atteindre 17 cm de hauteur. Cela permet de contrôler parfaitement les différents niveaux de température pour les différents groupes d'ingrédients.

+ Poignées - La première chose à faire ici est de convaincre par son apparence. Entre les deux options de la poignée en forme de bâton (modèle nord chinois) et de la poignée en forme de poignée (type cantonais), la solution de forme allongée marquera certainement des points visuellement. Faut-il opter pour la version chinoise ou cantonaise ? Là encore, tout dépend un peu de la fonctionnalité et donc du mode de préparation des aliments les plus appréciés et les plus fréquemment utilisés. Avec deux poignées latérales, il est beaucoup plus facile de placer le contenu dans le four. Pour un pivotement plus facile, il est recommandé dans la plupart des cas d'utiliser un wok avec une tige et une boucle métallique, surtout si cette dernière est elle-même isolée. Les modèles plus grands sont beaucoup plus faciles à apporter à la table avec deux poignées. Présentée dans le poêle, cette atmosphère unique augmente encore l'expérience du wok.

+ Particularités - Dans ce domaine, c'est surtout le développement technique qui a ouvert certaines limites. Ainsi, un revêtement antiadhésif est très utile contre les aliments collants, même s'il détruit quelque peu le charme de la patine. Mais l'effet antiadhésif empêche également la saisie de nourriture à haute température. D'un point de vue professionnel, les modèles non revêtus sont définitivement recommandés. De plus, le choix du poêle joue également un rôle, certes modeste, mais décisif. Les produits en acier au carbone ne conviennent généralement pas aux poêles à induction. Et si vous souhaitez faciliter le nettoyage, une indication de la compatibilité avec le lave-vaisselle peut servir d'impulsion. Certains modèles ont même un indicateur de température qui rend la cuisson encore plus facile. Si vous voulez ajouter un peu de luxe à votre vie quotidienne avec un wok, vous pouvez opter pour un produit avec un bord coulant pour verser les aliments en toute sécurité et sans gouttes.

Pour garder l'aventure du wok étincelante et fascinante pendant longtemps, il est recommandé d'utiliser quelques accessoires. Un couvercle incurvé est un must dans ce domaine. Une cuisson légèrement étouffée vous accompagnera souvent dans la cuisine au wok, que ce soit pour braiser, cuire à la vapeur ou simplement pour rester au chaud. En outre, les pelles de cuisine - traditionnellement chinoises Chans - sont très utiles pour remuer rapidement les cuisinières. Le bord avant arrondi permet de travailler de manière pragmatique avec le poêle. Pour éliminer l'huile de friture ou d'autres liquides, la louche et la cuillère à tamis se démarquent encore. Alors que les bâtonnets de cuisson vous permettent de remuer partiellement les aliments, un fouet en bambou facilite le travail de finition lors du nettoyage ultérieur.

1.1 LA PARTICULARITÉ DE LA CUISSON AU WOK

Avec un wok, tout est possible dans la cuisine - grâce aux nombreuses méthodes de cuisson telles que la torréfaction, la cuisson à la vapeur, la friture, la cuisson à l'eau et l'étouffement, différents plats peuvent en principe être préparés avec un seul ustensile de cuisine professionnel pour la cuisinière. Pleins de vitamines, les ingrédients coupés en petits morceaux et préparés ensemble ou séparément révèlent un véritable feu de joie pour le palais - et les plats préparés dans le wok sont sains.

Les amateurs de wok ont le choix entre des plats classiques typiquement exotiques d'Inde, d'Indonésie, du Japon et de Thaïlande, mais aussi des plats bien connus préparés différemment. Il n'est donc pas seulement considéré dans les régions asiatiques comme un talent polyvalent en cuisine, il montre rapidement son grand potentiel, surtout sur une flamme nue. Le wok est bien connu dans les restaurants asiatiques et surtout chinois, même dans votre ville. Mais cette poêle universelle spéciale convient à tous les traitements de viande, de poisson, de légumes et autres. Le triomphe du wok s'explique par ces 5 avantages :

Le plaisir de cuisiner avec peu de graisse - Le wok vit de son matériau ainsi que de l'efficacité du niveau de température. C'est pourquoi vous avez simplement besoin de beaucoup moins d'huile que pour les préparations de casseroles traditionnelles. Cela a un effet positif en premier lieu sur le taux de cholestérol. En outre, il convient également à l'utilisation d'options alimentaires diététiques. Et honnêtement : sans le savoir, nous consommons trop de graisse pendant la journée, donc la préparation faible en gras peut être un plus.

Préparation à court terme - Les températures élevées permettent de réduire considérablement le temps de travail dans la cuisine. Qui veut passer deux heures devant la cuisinière pour chaque plat et qui peut se permettre de le faire pendant la semaine ? La plupart des plats mentionnés nécessitent environ 1/2 heure, car il n'y a pas de grand volume ou de marinade. Il est donc possible de préparer de délicieux plats pour la table du soir pendant la journée, par exemple le mardi, tout en profitant de plus de temps libre que prévu, sans parler du temps passé les jours de congé du week-end.

Conservation des ingrédients - Une conséquence très intense du court temps de cuisson est facilement goûtée : Diverses substances gustatives restent et ne sont pas cuites. Les vitamines et nutriments plutôt imperceptibles sont un plus pour la constitution personnelle et une alimentation saine et variée. Pour l'aspect visuel, une couleur intense ainsi que la morsure nécessaire restent présentes.

Option de contrôle de la température - Au lieu d'intervenir directement sur la température de cuisson, le wok permet un contrôle indirect de la chaleur. Grâce à la forme incurvée de la casserole, le wok offre à l'utilisateur différents niveaux de température. La chaleur diminue rapidement à partir du fond chaud en raison de la courbure vers l'extérieur. Les aliments placés sur le bord sont donc maintenus au chaud pendant qu'un nouvel ingrédient ou mélange est chauffé. Et peu de temps après, ces composants peuvent être mélangés sans trop d'effort ou de vaisselle.

Manipulation simple - Le bord surélevé offre plusieurs avantages. D'une part, la poêle peut contenir plus de nourriture, ce qui permet de cuisiner avec style pour 6 personnes. D'autre part, cette forme révèle la base d'un pivotement et d'un mélange parfaitement simples, dans le cas d'une « poêle à frire » ou d'une « poêle à frire ». Avec les accessoires correspondants, des méthodes de cuisson telles que la cuisson à la vapeur et le fumage sont possibles. Et ce n'est certainement pas seulement pour le plaisir des enfants de la maison que le volume offre suffisamment de place pour l'huile pour la friture. Essayez-le sans hésitation !

Le wok permet de réaliser l'univers culinaire le plus hétérogène. Qu'il s'agisse d'émincé, de nouilles ou de riz, les sauces, le tofu et diverses viandes trouvent leur place, tout comme les légumes de saison croquants. Cette méthode de cuisson se caractérise avant tout par sa rapidité et sa simplicité. Pour cela, cependant, il est nécessaire de disposer de l'équipement approprié. C'est pourquoi l'accent est mis sur le modèle de wok optimal.

2. Conseils pratiques pour manipuler le wok

Les garnitures croquantes comme les légumes sont sans aucun doute caractéristiques de la cuisson à court terme. Le grand avantage pour celui qui mange à table est qu'au lieu de légumes détrempés et de viande dure, les aliments ne se dessèchent pas inutilement - au contraire, les vitamines et les nutriments conservés devraient permettre de se réjouir en termes de santé, d'apport énergétique et simplement de goût pur. Mais les différentes méthodes de cuisson à l'intérieur de cette poêle spéciale permettent également des variations pour satisfaire les désirs des palais.

2.1 TRAVAIL FACILE AVEC LE WOK

Cuisiner avec un wok vous permet de vous régaler en temps réel et de faire des préparations simples. Ces 12 lignes directrices devraient permettre d'utiliser cette poêle spéciale encore plus efficacement et garantir une expérience gustative complète :

1. Préparation optimale : tous les ingrédients nécessaires doivent être préparés à l'avance, généralement coupés en morceaux, ensemencés, etc. Ensuite, il suffit de les mettre de côté séparément dans de petits récipients jusqu'au moment de la préparation.

2. Wok chaud : Cette casserole spéciale ne déploie tous ses effets que si la température est correcte. Les plats croquants et sains, pleins de substances pertinentes, ne sont servis que si l'huile est ajoutée lorsque le wok est complètement chaud. Ce n'est qu'alors que les ingrédients sont ajoutés en fonction du point de cuisson. Versez 2 à 3 gouttes d'eau dans le wok. Lorsque ceux-ci s'évaporent en sifflant, l'ustensile de cuisine est prêt.

3. Huile de base de wok : Pour que l'expérience de cuisson ne soit pas gâchée, l'huile utilisée est généralement décisive pour un triomphe futur à table. Seules les huiles qui peuvent être chauffées à des températures élevées et dont le goût est neutre ont leur place dans un wok. Il est donc recommandé d'utiliser des huiles raffinées plutôt que des huiles pressées à froid. Les huiles à haute teneur en acides gras saturés sont particulièrement appropriées. Ceux-ci sont présents en quantités supérieures à la moyenne dans les graisses végétales. La structure chimique de ces acides gras est stable même à des températures élevées. Les huiles d'arachide, de soja et de noix de coco en sont de parfaits exemples. Il existe également des huiles spéciales pour le wok sur le marché avec des compositions spéciales.

Astuce : la fin de la cuisson du wok pour le moment doit être concédée dès les premiers signes de fumée. De même, l'huile ne doit pas brunir. Il est prouvé que les molécules d'acides gras déstabilisatrices ont un effet malsain sur notre santé. Le wok doit alors être immédiatement retiré du feu. Dans ce cas, la casserole spéciale sera essuyée et utilisée avec une autre huile.

4. Viande aromatique : d'une part, la viande s'adapte mieux à la température ambiante avant d'être ajoutée au wok ; quitter directement le réfrigérateur n'est pas optimal. D'autre part, il est recommandé de choisir des variantes de viande avec un léger veinage de graisse. C'est ce qui permet d'obtenir un résultat juteux et aromatique, surtout si les ingrédients de la viande ont été préalablement marinés.

5. Poisson tendre : d'une part, il est conseillé de choisir des poissons à chair plutôt ferme tels que la morue, le saumon, le sébaste ou le thon de qualité. Pour le protéger de la chaleur du wok, il est recommandé de l'enduire d'amidon et de blanc d'œuf.

6. Légumes croquants : la qualité des ingrédients individuels est décisive pour le succès d'un plat dès le moment de l'achat. De plus, les légumes les plus durs ont plus de place dans le wok que les plus mous.

7. Cuisson en mouvement : La température est élevée, alors remuez toujours pour éviter que les aliments ne brûlent. De plus, le wok ne doit pas être trop plein, le mieux étant de ne rien superposer. Étant donné que la poêle de wok elle-même est assez grande, les ingrédients déjà cuits peuvent être maintenus au chaud sur les bords, tandis que les ingrédients frais sont saisis avec beaucoup de goût.

8. Assaisonnement approprié : Si vous voulez cuisiner de manière exotique, vous devez également utiliser des composants typiques, un équipement de base composé de sambal, de sauce soja ou de diverses pâtes (haricots). Cependant, il faut faire preuve de prudence. D'une part, ces sauces sont généralement déjà salées- il est donc conseillé de ne pas ajouter de sel aux plats - et d'autre part, l'arôme d'assaisonnement diffère selon les marques. Il est donc conseillé de goûter les sauces au préalable.

9. Bouillon à la rescousse : parfois la sauce se réduit fortement ou certains bâtonnets de légumes semblent brûler. Si un bouillon est placé à côté du wok, la débâcle peut être évitée assez efficacement. L'eau suffit également, mais en même temps, le bouillon offre un environnement aromatisé au lieu d'une dilution du goût.

10. Mise à niveau des herbes : Les herbes fraîches sont un atout gustatif et un plaisir merveilleux pour les yeux. Pour cela, ils doivent être ajoutés à la fin de la plate ou sautés dans le wok pour la dernière minute. La coriandre hachée, l'ail coupé, les rondelles d'oignon et le basilic (thaïlandais) sont un trésor. Ce dernier se décline en plusieurs variétés. Bai Ho Raphia a un goût légèrement sucré et légèrement poivré. Bai Grapau, tout autour, est moins épicé et Bai M'angla a même un léger arôme d'agrumes. En parlant d'agrumes, outre la citronnelle et les feuilles de lime kaffir au goût dur, le jus pur d'un citron vert brille souvent dans le wok. De plus, les tubercules épicés tels que le gingembre ou le galanga, un cousin légèrement acidulé et un peu moins épicé, enrichissent de nombreux plats exotiques.

Astuce: Toutes les graines, telles que les graines de sésame ou différentes noix, peuvent bien sûr être utilisées pour améliorer un repas de wok.

11. Accompagnements parfaits : les plats préparés au wok bénéficient de la combinaison de l'harmonie et de la tension. Le classique est le riz. De plus, la diversité des nouilles offre d'excellents équivalents à la viande, au tofu et aux légumes. Le boulgour et le couscous peuvent accompagner certains plats.

12. Boissons crémeuses : le thé est la boisson par excellence pour les soirées wok, le thé au jasmin ou le thé vert sont particulièrement recommandés. Bien sûr, l'eau fait aussi l'affaire. En ce qui concerne le vin, il est conseillé de choisir des cépages fruités et frais ainsi que des jus de raisin qui ne sont pas trop secs. Mais la plupart des plats sont également accompagnés d'une bière traditionnelle.

Le thème de l'assaisonnement approprié est maintenant plus complexe que simplement caractérisé par quelques huiles ou sauces aux épices. Ce n'est qu'avec les bons ingrédients asiatiques que l'exotisme a un sens. Un petit aperçu peut susciter la curiosité pour des saveurs spéciales au sens oriental et exotique:

+ Sauce soja: il en existe généralement trois sortes différentes. Une version claire et douce permet de démarrer en toute sécurité. En face, il y a la sauce soja plus forte et la sauce soja foncée très salée. L'option intermédiaire semble être le meilleur choix pour une utilisation flexible dans la cuisine. Les sauces soja japonaises sont en effet moins salées. L'alternative indonésienne appelée Ketjap se présente comme un point fort. La version sucrée, appelée Ketjap Manis, s'avère particulièrement sucrée. Mais cela peut également être réalisé avec du miel dans une sauce soja normale.

+ Sauce de poisson: l'odeur généralement forte de la sauce de poisson rebute la plupart des cuisiniers amateurs, mais cette odeur disparaît complètement lorsqu'elle est cuite. D'autre part, la solution salée fait ressortir de manière significative l'arôme des autres ingrédients du plat. Les variantes thaïlandaises sont appelées Nam Pla, nuoc mam vietnamien.

+ Sauce aux huîtres: cette spécialité de la cuisine chinoise de Guangzhou est une sauce épaisse utilisée principalement pour la marinade. Bien qu'il soit en fait fabriqué à partir d'extrait d'huître, aucun goût de poisson n'apparaît au premier plan. Cette sauce rend également d'autres sauces plus crémeuses.

+ Pâtes aux haricots: Il existe une grande variété de pâtes aux haricots. Il existe des pâtes aux haricots noirs fortes et salées qui se marient particulièrement bien avec les viandes rouges. Les variantes jaunes, en revanche, s'avèrent être des alternatives douces, parfaitement adaptées aux plats de volaille, de légumes ou de poisson. La pâte rouge sucrée, en revanche, est plutôt utilisée en combinaison avec des bonbons. Les différentes pâtes miso japonaises à base de soja fermenté sont certainement connues. Ces pâtes de haricots sont très sensibles à la chaleur et doivent donc toujours être ajoutées juste avant la fin de la cuisson.

+ Sambal Oelek : cette pâte piquante et tout aussi légèrement acidulée est originaire d'Indonésie. Surtout, il apporte un piquant perceptible dans chaque plat. La variante plus douce de la sauce Sweet Chili, originaire de Thaïlande ou de Chine, est légèrement adaptée. Il est également un peu plus épais.

+ Garam Masala : ce sont en principe des mélanges d'épices indiennes. Ces « mélanges chauds » résultent de combinaisons très différentes, mais la cardamome, le cumin, les clous de girofle ainsi que la cannelle sont presque systématiquement présents. Une variante savoureuse est le panch phoran (« cinq épices ») - il se compose de fenugrec, de coriandre, de cumin, de graines de moutarde et d'oignons.

+ Vin de riz: cet ingrédient fait partie de la soirée wok comme le wok lui-même. Il peut être utilisé comme boisson, même chaud, et pour la cuisine elle-même. Le saké japonais ou le Shaoxing au vin de riz chinois sont des produits au goût prononcé et aux caractéristiques sèches. Ils sont très propres à la consommation et à la marinade. Le mirin japonais, doux et sucré, est également recommandé pour la cuisine. Il ne doit être ajouté qu'à la fin du wok. Le xérès sec peut également faire l'affaire.

Astuce: Pâte de curry maison - pelez et hachez finement 3 échalotes et 2 gousses d'ail. Ensuite, coupez la partie inférieure de 3 tiges de citronnelle en deux dans le sens de la longueur et coupez-les en anneaux. Mélanger avec un morceau de gingembre finement haché (2 cm), 1/2 cuillère à café de pâte de crevettes et 1/2 cuillère à café de poudre de curcuma. Ajouter 2 cuillères à café de coriandre moulue ainsi que 2 cuillères à soupe d'eau pour une consommation immédiate et 2 cuillères à soupe d'huile pour une consommation prolongée. Réduire le tout en purée dans le mélangeur et ajouter 1 cuillère à café de sambal oelek.

2.2 LE RITUEL DE LA CUISINE

La cuisine est maintenant l'inauguration presque solennelle de cette casserole de cuisine particulière. C'est à cette occasion que l'on obtient ce qu'on appelle la patine. Pour ce faire, une couche supplémentaire d'huile est cuite au four. Un tel revêtement spécial permet de créer un effet antiadhésif. De plus, il protège l'ustensile de cuisine de la rouille. Cependant, cette mesure ne fonctionne que pour les modèles en acier au carbone et, bien sûr, en fonte. La surchauffe de l'huile primaire dans le wok modifie sa structure. Les longues chaînes d'hydrocarbures dans la molécule d'huile se décomposent ensuite en deux variantes plus courtes. L'un d'eux est un alcène – une double liaison carbone-carbone qui se lie dans des chaînes beaucoup plus longues. Ceux-ci empêchent de manière fiable un lien futur entre cette même couche de patine et les aliments de torréfaction utilisés plus tard de manière polyvalente. De plus, la couleur noire résulte de la présence de carbone dans la couche protectrice.

Remarque: Le nettoyage initial est utilisé pour protéger les woks des substances inconnues. Pour la distribution, les woks sont recouverts d'huile - également pour les protéger de la rouille. Mais qui sait quelle huile a été utilisée à cette fin? C'est pourquoi il est d'abord nécessaire d'éliminer la graisse inconnue.

L'huile de lin s'est avérée particulièrement efficace pour la cuisine personnelle. Cependant, d'autres options fonctionnent également, à l'exception de l'huile de carthame et d'avocat. Les deux mentionnés ont simplement un point de fumée trop élevé de 260 degrés Celsius, ce que la plupart des cuisinières et des fours ne réalisent pas. L'huile est donc chauffée et se décompose. Cela peut se faire en plusieurs étapes pour renforcer la patine. Dans les premiers mois, les méthodes de cuisson les plus appropriées pour la première cuisson sont la friture et la torréfaction, car elles renforcent la couche protectrice encore jeune. Au fil des ans, une patine incomparable se forme, c'est pourquoi les woks sont souvent considérés comme de grands trésors par les cuisiniers professionnels.

La première chose à faire est de nettoyer soigneusement la nouvelle casserole spéciale avec de l'eau chaude et avec un produit de lavage de la vaisselle doux. Ensuite, il est nécessaire de sécher le métal en le frottant. Ensuite, il est nécessaire de mettre un peu d'huile sur une serviette en papier, qui sera utilisée pour appliquer les caresses sur le nouvel ustensile de cuisine préféré. En principe, il existe deux méthodes:

Méthode de cuisson: La première étape consiste à régler le four à sa température maximale. Après avoir nettoyé et frotté la couche d'huile, le wok est chauffé au four pendant 20 minutes. Ensuite, il refroidit pendant environ 5 minutes. Cette procédure doit être répétée jusqu'à cinq fois. Les avantages évidents de cette méthode sont une patine uniforme et une réduction significative de la fumée et des odeurs. Sur les woks lisses en particulier, la patine a tendance à se détacher au début avec cette méthode de cuisson. En continuant à utiliser la casserole spéciale, ce phénomène devient de plus en plus marginal.

Astuce: La méthode du four présente un risque pour les woks avec des poignées en bois. Cela doit impérativement être retiré. Si cela n'est pas possible, la poignée peut être entourée d'un torchon humide et plusieurs fois de papier d'aluminium. Cependant, il existe toujours un risque résiduel - c'est pourquoi la méthode 2 convient à ces modèles.

Méthode de cuisson: Les préparations pour le nettoyage et le frottement sont identiques. Comme il y aura certainement de la fumée, les fenêtres doivent être ouvertes au préalable et la hotte aspirante réglée au maximum. La plaque de cuisson du même diamètre que le fond du wok peut maintenant être réglée au niveau le plus élevé. En plus de la fumée, un bord jaunâtre ou bleuâtre se formera sur le fond. Le wok est ensuite retiré de la plaque et laissé refroidir pendant 30 secondes. Ensuite, 1/2 cuillère à café d'huile est versée sur une serviette en papier et frottée le wok. Chauffez-le à nouveau à feu doux. En faisant pivoter la casserole pendant environ 30 secondes, le fond devrait atteindre une température uniforme. Ensuite, il refroidit à nouveau pendant 30 secondes. Les dernières étapes de l'utilisation du papier absorbant sont répétées trois fois. Si l'essuie-tout ne devient plus gris, cela signifie que le nouveau wok est cuit. Il est clair qu'en plus de la fumée malsaine, un autre inconvénient survient. Seul le fond du wok permet une patine continue. Le reste de la couche protectrice ne se forme qu'au fil du temps, grâce à une utilisation permanente dans la cuisine.

Mais même après cela, quelques petits gestes d'entretien sont nécessaires. L'eau chaude et les détergents doux sont les compagnons hygiéniques de la cuisson au wok. Cela élimine la plupart des résidus. Si nécessaire, il est recommandé d'utiliser des éponges ou des brosses à vaisselle. En aucun cas, des produits abrasifs ou des brosses métalliques ne doivent être utilisés! Après séchage, il est toujours nécessaire de graisser. Cela permet de fermer les pores du matériau.

3. Recettes

Après l'introduction théorique au monde fascinant et facile de la cuisine au wok, le regard se tourne rapidement vers la mise en pratique de certains des plats de wok les plus savoureux et les plus populaires. Vous trouverez certainement votre plat préféré dans la poêle spéciale, classé en différentes catégories en fonction des principaux ingrédients utilisés!

3.1 COLLATIONS ET APÉRITIFS

Les propositions suivantes sont disponibles comme une introduction savoureuse à un repas ou comme une collation corsée et intense entre les repas. Pour les petites collations, quelques bouchées en forte demande vous attendent. Il est ainsi possible, avec peu d'effort, de créer de petits moments forts pour chaque jour.

CONSTRUCTION DE SAN CHOY

Valeurs nutritionnelles : 128 kcals, glucides 3 g, lipides 9 g, protéines 10 g

Pour 4 à 6 portions
Temps de préparation: 30 min + 30 min de séchage à froid
Difficulté: facile

Ingrédients:

100 g de porc haché
100 g de crevettes (prêtes à cuire)
5 oignons de printemps
1 tête de laitue
1 chaux
3 cuillères à soupe d'arachides (grillées)
3 cuillères à soupe de lait de coco
1 cuillère à soupe d'huile comestible
2 c. à thé de sauce de poisson
2 c. à thé de pâte de curry (rouge)
1-2 cuillères à café de piment (haché)
1 cuillère à café de sucre de canne brut

Préparation:

1. Détachez les feuilles de salade, lavez-les et secouez-les pour les sécher. Enveloppés dans un chiffon propre, ils passent les 30 minutes suivantes au réfrigérateur.

2. Nettoyez et hachez les oignons de printemps. Chauffer l'huile dans le wok et faire revenir les oignons de printemps avec la pâte de curry pendant 2 minutes à feu moyen.

3. ajouter la viande hachée. Ajoutez ensuite les crevettes et le lait de coco. Ajouter le poivre et faire sauter pendant 3 minutes.

4. Lavez la chaux à l'eau chaude, séchez-la et retirez la peau. Mettez-le dans le wok avec le reste des ingrédients, à l'exception des arachides. Hacher les cacahuètes et mélanger. Laisser refroidir pendant 15 minutes. Placez le mélange sur les feuilles de salade formées.

OMELETTE FARCIE

Valeurs nutritionnelles : 435 kcals, glucides 9 g, lipides 33 g, protéines 27 g

Pour 2 portions
Temps de préparation: 40 min
Difficulté: moyenne

Ingrédients:

150 g de porc haché
4 oignons de printemps
3 œufs
1 tomate
1 poivre (vert)
1 gousse d'ail
1/2 bouquet de feuilles de coriandre
5 cuillères à soupe d'huile
2 cuillères à soupe de sauce de poisson
1 cuillère à soupe de sauce soja
1 cuillère à soupe de sauce Chili sucré
Poivre

Préparation:

1. Peler et hacher l'ail. Lavez la tomate, retirez le pédoncule et coupez-le en petits dés. Lavez les oignons de printemps et séparez la partie verte de la partie blanche. Couper les deux en tranches. Lavez les poivrons, retirez les graines et la peau et coupez-les en petits dés.

2. Chauffer le wok, chauffer environ 2 cuillères à soupe d'huile et faire sauter la viande hachée avec les rondelles d'oignon blanc et l'ail pendant 2 minutes. Il doit être bien émietté puis poivré.

3. Ajouter le poivre, la tomate, la sauce soja et la sauce chili. Ajouter 1 cuillère à soupe de sauce de poisson et cuire pendant 5 à 7 minutes à feu moyen, en remuant de temps en temps.

4. Lavez et séchez la coriandre verte et hachez-la finement. Mélangez le tout dans le haschisch, ainsi que les rondelles d'oignon vert. Le contenu est ensuite mis de côté.

5. Battre les œufs dans un bol et ajouter le reste de la sauce de poisson. Nettoyez le wok et versez-y la moitié de l'huile restante. Versez la moitié du mélange d'œufs dans le wok et faites-le tourner immédiatement.

6. Il cuit jusqu'à ce que les bords se raffermissent lentement, mais la masse n'est pas encore complètement congelée. Placez la moitié de la farce sur le gâteau aux œufs et pliez-le sur les côtés opposés. Retournez le tout et faites frire le côté inférieur pendant environ 1 minute.

BOULETTES DE BŒUF À LA NOIX DE COCO

Valeurs nutritionnelles : 810 kcals, glucides 19 g, lipides 64 g, protéines 39 g

Pour 2 portions
Temps de préparation: 50 min
Difficulté: facile

Ingrédients:

300 g de bœuf haché
200 g de tomates (passé)
100 g de noix de coco râpée
500 ml d'huile pour la friture
2 gousses d'ail
1 morceau de gingembre (environ 2 cm)
Jus d'une orange
1 1/2 cuillère à soupe de cassonade
1 cuillère à soupe de sauce aux huîtres
2 c. à thé de sauce soja
2 c. à thé de vinaigre de riz
1 cc de sambal oelek
1 cuillère à café de coriandre (moulue)
2 pincées de cannelle (moulues)
2 pincées de noix de muscade (moulues)
Sel + poivre

En outre, il est nécessaire
1 pot
Essuie-tout

Préparation:

1. Pour la sauce tomate, peler et hacher finement 1/2 cm de gingembre et 1 gousse d'ail. Faites-les cuire dans une casserole avec les tomates, la sauce soja et le vinaigre de riz pendant 8 à 10 minutes. Versez le jus d'orange, ajoutez 1/4 cuillère à café de sambal oelek et 1 cuillère à soupe de cassonade.

2. Pelez et hachez finement le reste du gingembre et de l'ail. Mélangez-les bien avec le reste du sambal oelek, les épices, la sauce aux huîtres et le reste du sucre. Le mélange de haschisch, de râpe et d'épices est ensuite bien mélangé.

3. Saler et poivrer la masse. Ensuite, formez 12 granulés. Les boulettes de bœuf sont cuites dans de l'huile chaude pendant environ 5 minutes jusqu'à ce qu'elles soient croustillantes et dorées. Ils s'égoutteront sur du papier absorbant.

BROCHETTES DE SATAY

Valeurs nutritionnelles : 449 kcals, glucides 12 g, lipides 25 g, protéines 44 g

Pour 4 portions
Temps de préparation : 40 min + 1 heure de repos
Difficulté: facile

Ingrédients:

200 ml de lait de coco
4 filets de poitrine de poulet
1 chaux
1 gousse d'ail
4 cuillères à soupe de sauce soja
3 cuillères à soupe d'huile d'arachide
2 cuillères à soupe de beurre d'arachide
2 cuillères à soupe de miel
1 c. à thé de poudre de curry
1/2 cuillère à café de coriandre (moulue)
1/2 cuillère à café de gingembre (moulu)
1 pincée de poivre de Cayenne
Sel + poivre

En outre, il est nécessaire
2 bols

Préparation:

1. Lavez le poulet, essuyez-le et coupez-le en lanières.

2. Lavez la chaux à l'eau chaude, coupez-la en deux et pressez-la dans un bol. Ajouter 2 c. à soupe de sauce soja, 1 c. à soupe de miel et d'huile d'arachide au jus de citron vert et bien mélanger. Ajouter la coriandre, bien saler et poivrer. Faites tourner la viande dans ce mélange. Réfrigérer pendant 2 heures.

3. Peler et hacher finement l'ail. Dans le deuxième bol, mélanger les autres ingrédients.

4. Chauffer le wok et faire sauter les lanières de poulet marinées pendant 5 minutes à feu vif, en les retournant régulièrement. Ajouter la sauce saté étape 3 à la viande. Lorsque le contenu arrive à ébullition, abaissez le feu à moyen et laissez mijoter pendant environ 10 minutes. La sauce doit épaissir, servir le plat avec des nouilles de riz.

LÉGUMES AROMATIQUES

Valeurs nutritionnelles : 150 kcals, glucides 9 g, lipides 10 g, protéines 6 g

Pour 4 portions
Temps de préparation: 25 min
Difficulté: facile

Ingrédients:

300 g de brocoli
250 g de chou chinois
150 g de haricots serpentins
3 oignons de printemps
1 poivre (vert)
1 tige de basilic thaïlandais
2 cuillères à soupe d'huile comestible
2 cuillères à soupe de jus de citron vert
1 cuillère à soupe de sucre de canne brut

Préparation:

1. Lavez et séchez le brocoli et coupez-le en grappes. Nettoyez les haricots et coupez-les en petits morceaux. Lavez le chou chinois, triez-le et coupez les feuilles en fines lanières.

2. Nettoyez les oignons de printemps et coupez-les en morceaux. Lavez les poivrons, coupez-les en deux et

retirez les graines et les peaux. Ensuite, le poivre est transformé en lanières. Lavez le basilic, secouez-le pour le sécher et hachez grossièrement une moitié, laissez l'autre en feuilles entières.

3. Dans l'huile chaude, faire d'abord revenir les haricots et le brocoli pendant 4 minutes. Lorsque les légumes sont cuits, ajoutez le chou chinois, le poivre et les oignons de printemps et faites-les sauter jusqu'à ce qu'ils soient cuits.

4. Dans un bol, dissoudre le sucre dans le jus de citron vert. Le basilic haché est incorporé. Ensuite, cette sauce est versée sur les légumes et mélangée avec eux. Utilisez des feuilles de basilic entières comme garniture.

ROULEAUX DE PRINTEMPS AU POULET VIETNAMIEN

Valeurs nutritionnelles : 366 kcals, glucides 20 g, lipides 22 g, protéines 23 g

Pour 4 portions
Temps de préparation : 1 h 30 + 15 min de repos
Difficulté: moyenne

Ingrédients:

100 g de nouilles en verre
100 g de germes de soja
750 ml d'huile pour la friture
12 feuilles de papier de riz
4 champignons Mu-Err (séchés)
2 filets de poitrine de poulet
1 oignon
1 carotte
1 œuf
2 cuillères à soupe de Nuoc Mam (sauce de poisson vietnamienne)
1 cuillère à soupe d'huile d'arachide (ou de tournesol)
Sel + poivre
En outre, il est nécessaire
1 était
1 râpe à légumes
Essuie-tout

Préparation:

1. Faites tremper les champignons dans de l'eau chaude pendant 15 minutes. Faites tremper les

nouilles en verre conformément aux instructions sur l'emballage. Réservez les deux, puis hachez-les grossièrement.

2. Couper la poitrine de poulet en cubes. Pelez l'oignon et coupez-le en lanières. Pelez la carotte et râpez-la grossièrement. Hachez grossièrement les pousses et battez l'œuf battu avec du sel et du poivre.

3. Chauffer l'huile dans le wok et faire revenir la viande et les oignons pendant 2 minutes. Salez et poivrez le contenu du wok, puis ajoutez tous les ingrédients des légumes. Ajouter les champignons et les nouilles. Arroser de sauce de poisson. Le tout cuit pendant 2 minutes.

4. Retirez le contenu du feu et liez-le avec l'œuf. Immergez les feuilles de riz pendant une seconde dans de l'eau tiède, puis couvrez-les de 2 cuillères à soupe de farce. Rabattez les deux côtés et enveloppez bien les feuilles.

5. Remplissez le wok avec de l'huile pour la friture. Glissez doucement les rouleaux de ressort dans la graisse chaude. Ils y passent 10 à 15 minutes à feu moyen. Lorsqu'ils apparaissent dorés, ils sont drainés sur du papier absorbant.

LÉGUMES AU MIEL ET AU SOJA

Valeurs nutritionnelles : 130 kcals, glucides 9 g, lipides 8 g, protéines 6 g

Pour 4 portions
Temps de préparation: 20 min
Difficulté: facile

Ingrédients:

250 g de brocoli
150 g de champignons de Paris
25 g d'olives
2 oignons de printemps
1 gousse d'ail
1 poivre (rouge)
1 poivre (vert)
1 cuillère à soupe de graines de sésame
1 cuillère à soupe de sauce soja
1 cuillère à soupe de miel
1 c. à soupe de sauce chili (sucrée)
1 cuillère à soupe d'huile comestible
2 c. à thé de racine de gingembre (râpée)
1 c. à thé d'huile de sésame

En outre, il est nécessaire
1 était

Préparation:

1. Lavez et séchez le brocoli et coupez-le en grappes. Lavez les poivrons, coupez-les en deux et retirez les graines et les peaux. Ensuite, coupez-les en fines lanières. Pelez l'ail et écrasez-le.

2. Coupez les olives en deux et mettez-les au noyau. Nettoyez les oignons de printemps et coupez-les en fines tranches. Nettoyez les champignons et coupez-les en deux. Dans un wok, faites griller les graines de sésame sans graisse jusqu'à ce qu'elles soient aromatiques et dorées.

3. Mélanger les deux huiles dans le wok et faire pivoter. Dans l'huile chaude, faire revenir l'oignon de printemps, l'ail et le gingembre pendant 1 minute, en remuant constamment. Ajoutez ensuite les bouquets de brocoli, les olives et les champignons. Après 1 minute de cuisson remuante, ajouter les tranches de poivre et cuire à nouveau pendant 1 minute, en remuant.

4. Dans un bol, bien mélanger le miel, la sauce soja et la sauce chili. Versez la sauce sur les légumes et mélangez-le tout légèrement. Saupoudrer de sésame à la fin.

PÉTONCLES RÔTIS

Valeurs nutritionnelles : 226 kcals, glucides 9 g, lipides 15 g, protéines 15 g

Pour 4 portions
Temps de préparation: 35 min
Difficulté: facile

Ingrédients:

16 pétoncles (décortiqués)
6 tiges de poireaux
2 échalotes + 2 gousses d'ail de chaque côté
1 morceau de gingembre (environ 1 cm)
1 chaux
3 cuillères à soupe d'huile d'olive
2 c. à thé de miel (liquide)
1/2 cuillère à café de poudre de cinq épices
Un peu de cerfeuil et de persil
Sel + poivre

En outre, il est nécessaire
1 pot
1 râpe
1 était

Préparation:

1. Nettoyez les poireaux et coupez-les en tranches. Blanchissez-les pendant 3 minutes dans une casserole

d'eau chaude salée. Dans un bol d'eau glacée, égouttez les poireaux et refroidissez-les.

2. Peler et hacher finement l'ail et peler et couper les échalotes en tranches. Pelez le gingembre et râpez-le finement. Lavez la chaux à l'eau chaude, coupez-la en deux et pressez-la. Mélangez bien le jus de citron vert et 1 cuillère à café de miel dans un bol.

3. Chauffer 2 cuillères à soupe d'huile dans un wok chaud. Faire revenir les échalotes, le gingembre et l'ail pendant 2 minutes en remuant constamment. Ajoutez ensuite les poireaux et le reste du miel, du sel et du poivre. Cuire encore 4 minutes, en remuant de temps en temps, puis réserver.

4. Salez et poivrez les moules et saupoudrez-les d'épices en poudre. Faire revenir la moitié des moules dans 1/2 cuillère à soupe d'huile à haute température pendant environ 1 minute de chaque côté. Ensuite, nous passons à la deuxième mi-temps.

5. Ajouter la sauce au citron vert et au miel aux pétoncles complets. Après 1 minute de cuisson, ajouter les poireaux chauds. Lavez le persil et le cerfeuil, séchez-les et hachez les feuilles. Saupoudrez-les sur le plat.

TOM KA GUNG (SOUPE DE CREVETTES THAÏLANDAISE)

Valeurs nutritionnelles : 368 kcals, glucides 8 g, lipides 29 g, protéines 20 g

Pour 4 portions
Temps de préparation: 45 min
Difficulté: facile

Ingrédients:
100 g de champignons de Paris
500 ml de bouillon de poulet
400 ml de lait de coco
16 crevettes (crues)
8 tiges de coriandre
2 tiges de citronnelle
1 chaux
1 oignon
1 morceau de gingembre (environ 2 cm)
1 piment (rouge)
1 cuillère à soupe de Nuoc Mam (sauce de poisson thaïlandaise)
1 cuillère à café de sucre
Sel + poivre

En outre, il est nécessaire
1 râpe
1 était

Préparation:

1. Décortiquez et nettoyez les crevettes et retirez leurs boyaux avec un couteau tranchant. Pelez l'oignon et

coupez-le en fines tranches. Nettoyez le piment, retirez les graines et hachez-le finement. Pelez le gingembre et râpez-le.

2. Enlever les couches extérieures ainsi que les extrémités de la citronnelle. Ensuite, nettoyez-les et coupez-les en fines tranches. Nettoyez les champignons et coupez-les en feuilles. Lavez la chaux à l'eau chaude, essuyez-la et coupez-la en deux. Recueillir le jus du citron vert dans un petit bol.

3. Dans le wok, le bouillon est porté à ébullition. Nous ajoutons du piment, du gingembre, de l'oignon, des champignons et de la citronnelle. Le tout cuit pendant 5 minutes.

4. Versez le lait et ajoutez tous les ingrédients restants à l'exception des crevettes. Saler et poivrer le plat et laisser mijoter encore 5 minutes.

5. Réduisez la température et faites cuire les crevettes pendant 3 minutes. Ils doivent devenir roses. Lavez et séchez la coriandre et hachez finement les feuilles. Saupoudrez-les sur le plat avant de servir.

SOUPE DE NOUILLES ÉPICÉE

Valeurs nutritionnelles : 355 kcals, glucides 24 g, lipides 23 g, protéines 12 g

Pour 4 à 6 portions
Temps de préparation: 40 min
Difficulté: facile

Ingrédients:

300 g de bœuf (maigre)
200 g de nouilles de riz (large)
200 g de germes de haricot mungo
20 g de champignons Mu-Err
1 3/4 l de bouillon de viande
1 poivre (rouge)
1 poivre (jaune)
1 poivre (vert)
1 morceau de gingembre (environ 3 cm)
3 cuillères à soupe d'huile comestible
2 cuillères à soupe de sauce hoisin
2 cuillères à soupe de sauce soja
1-2 cuillères à café de samba huilée
Sel + poivre

En outre, il est nécessaire
1 était
1 pot
1 passoire

Préparation:

1. Versez de l'eau chaude sur les champignons dans un bol et faites-les tremper pendant 30 minutes. Cuire

les nouilles dans une casserole selon les instructions sur l'emballage. Égoutter les nouilles de riz dans une passoire.

2. Lavez et séchez la viande et coupez-la en fines lanières. Lavez les poivrons, coupez-les en deux et retirez les peaux et les graines. Ensuite, coupez les légumes en petits dés. Rincez les pousses, pelez le gingembre et coupez-le en petits dés.

3. Chauffer l'huile dans le wok chaud et faire revenir les tranches de viande en portions pendant 1 à 2 minutes. Poussez le gingembre sur le bord et faites-le griller brièvement dans la poêle. Ajoutez ensuite les poivrons et faites cuire pendant 2 minutes en remuant constamment.

4. Retirez les tiges des champignons et hachez-les grossièrement. Mettez-les dans le wok avec les pousses. Après avoir remué pendant 1 minute, versez les deux sauces. Rattrapez avec le bouillon et portez le tout à ébullition. Seulement ensuite, ajoutez les nouilles. La soupe mijote pendant environ 4 minutes. Enfin, assaisonnez de sel, de poivre et de samba huilée.

BISCUITS DE POISSON

Valeurs nutritionnelles : 425 kcals, glucides 23 g, lipides 24 g, protéines 30 g

Pour 2 portions
Temps de préparation: 45 min
Difficulté: facile

Ingrédients:
250 g de filet de poisson
200 ml d'huile pour la friture
6 feuilles de citron vert
2 oignons de printemps
1 piment (rouge)
1 œuf
1/2 carotte + 1/4 concombre
6 cuillères à soupe de vinaigre de riz
3 cuillères à soupe de sucre + 1 cuillère à café de cassonade
2 cuillères à soupe d'arachides (grillées + salées)
2 cuillères à soupe de sauce de poisson
1 1/2 cuillère à soupe d'amidon
1 cuillère à soupe de pâte de curry thaïlandais (rouge)
Sel

En outre, il est nécessaire
1 mélangeur sur support
1 petite tasse / bol
Essuie-tout

Préparation:

1. Lavez le piment, coupez-le, coupez-le en deux et ensemencez-le. Ensuite, hachez-le finement. Porter à

ébullition le vinaigre, le sucre, 1 cuillère à soupe de poisson, la sauce et 100 ml d'eau. Laisser mijoter pendant 3 minutes.

2. Lavez la carotte, pelez-la et coupez-la en bâtonnets fins. Lavez le concombre, coupez-le en deux et retirez la partie interne aqueuse. Réduisez-le à de petits cubes. Mettez les deux types de légumes dans le wok et mélangez le tout. Laissez le contenu refroidir.

3. Lavez le poisson, essuyez-le et coupez-le grossièrement. Lavez les oignons de printemps et coupez-les en fines tranches. Lavez les feuilles de citron vert, séchez-les et coupez-les en fines lanières. Retirez la côte dure.

4. Réduire en purée les morceaux de poisson, la pâte de curry, le sucre de canne et la sauce de poisson dans un mélangeur sur pied. Mélanger l'œuf battu, l'amidon, les rondelles d'oignon et les tranches de feuilles de citron vert.

5. Formez 8 biscuits plats à partir de la pâte. Versez la sauce épicée dans un petit bol. Essuyez le wok et chauffez-le. Faire frire les galettes dans de l'huile chaude pendant 4 minutes, jusqu'à ce qu'elles soient croustillantes des deux côtés.

6. Les biscuits de poisson s'égouttent sur le papier de cuisine. Saupoudrer les arachides hachées sur la trempette.

SOUPE MISO

Valeurs nutritionnelles : 88 kcal, glucides 1 g, lipides 6 g, protéines 9 g

Pour 4 portions
Temps de préparation: 20 min
Difficulté: facile

Ingrédients:

100 g de tofu (ferme à couper)
5 g de diashi (bouillon de poisson japonais)
3 algues wakame (séchées)
2 champignons de Paris
1 oignon de printemps
1 1/2 cuillère à soupe de pâte de miso
Sel
En outre, il est nécessaire
1 était

Préparation:

1. Nettoyez l'oignon de printemps et coupez-le en fines tranches. Ensuite, coupez le tofu en petits cubes. Nettoyez les champignons et coupez-les en feuilles. Coupez également les algues en petits morceaux.

2. 750 ml d'eau sont mélangés avec du diashi dans un wok et portés à ébullition. Dans un bol, un peu de

bouillon est mélangé avec la pâte miso. Nous remettons cette sauce dans le wok.

3. Tous les autres ingrédients sont mis dans la poêle spéciale et cuits pendant 5 minutes avec le liquide. Ensuite, assaisonnez la soupe et divisez-la en bols.

LÉGUMES EN TEMPURA

Valeurs nutritionnelles : 229 kcals, glucides 17 g, lipides 15 g, protéines 6 g

Pour 6 portions
Temps de préparation: 1 heure
Difficulté: moyenne

Ingrédients:

100 g de farine
50 g d'amidon
750 ml d'huile (pour la friture)
1 œuf
1 brocoli
1/2 courgette
1/2 Autochtone
1/2 sachet de levure chimique
1 pincée de piment (moulu)
1 pincée de poudre de paprika
Sel

En outre, il est nécessaire
2 bols
1 pot
1 fouet
1 écumeur
Essuie-tout

Préparation:

1. Nettoyez les aubergines et les courgettes et coupez-les en tranches d'environ 5 mm d'épaisseur.

Saupoudrer de sel des deux côtés des légumes. Placez ensuite les tranches sur du papier absorbant et recouvrez-les de ce dernier.

2. Nettoyez le brocoli et coupez-le en grappes. Faites-les cuire dans une casserole d'eau salée pendant environ 2 minutes. Rincez ensuite les bouquets à l'eau froide et mettez-les de côté.

3. Dans le bol, mélanger la farine et l'amidon. Des épices doivent également être ajoutées à la masse sèche de la pâte. Casser l'œuf et le battre avec 200 ml d'eau froide dans un deuxième bol. Fouetter la pâte jusqu'à ce qu'elle soit homogène.

4. Chauffer l'huile dans le wok à feu moyen. Après avoir trempé les légumes de tous les côtés dans la pâte, mettez-les dans le wok. En remuant de temps en temps, ces tranches et bouquets feront frire pendant 4 à 5 minutes.

5. Dès que les légumes sont dorés, retirez-les avec un écumoire et placez-les sur une serviette en papier pour les égoutter. Ils peuvent être servis en entrée avec une sauce chili sucrée.

BOULETTES DE MAÏS THAÏLANDAISES

Valeurs nutritionnelles : 156 kcals, glucides 20 g, lipides 5 g, protéines 5 g

Pour 4 portions
Temps de préparation: 20 min
Difficulté: facile

Ingrédients:

225 g de maïs (en conserve)
100 g de haricots verts (tendre)
75 g de farine de maïs
10 feuilles de kaffir de citronnier
2 gousses d'ail
2 poivrons rouges
1 œuf
2 cuillères à soupe de coriandre (hachée)
1 cuillère à café d'huile d'arachide

En outre, il est nécessaire
1 passoire
1 était

Préparation:

1. Lavez les poivrons, retirez les graines et hachez-les finement. Pelez l'ail et écrasez-le. Lavez les feuilles de citron vert, secouez-les pour les sécher et hachez-les

finement. Nettoyez les haricots, retirez les extrémités et coupez-les en fines lanières. Égoutter le maïs dans une passoire.

2. Dans un bol, mélanger l'ail, le piment, le maïs et l'œuf battu. Ajouter les feuilles de citron vert, la coriandre et la farine. Mélangez bien le tout. Ajoutez ensuite les haricots et mélangez le tout.

3. Formez de petites boules de pâte. Ensuite, aplatissez-les dans la paume de votre main. Chauffer l'huile dans le wok et cuire les boules de maïs en portions, en les retournant constamment jusqu'à ce qu'elles soient croustillantes.

GRANULÉS DE VOLAILLE AVEC TREMPETTE

Valeurs nutritionnelles : 201 kcals, glucides 2 g, lipides 15 g, protéines 16 g

Pour 4 à 6 portions
Temps de préparation: 30 min
Difficulté: facile

Ingrédients:

2 échalotes
1 poitrine de poulet
1 gousse d'ail
1 œuf
1 bouquet d'oignons de printemps
1/2 tige de céleri
3 cuillères à soupe d'huile comestible
3 cuillères à soupe de sauce soja (foncé) + 2 c. à soupe de sauce soja (claire)
1 cuillère à soupe de vin de riz
1 cuillère à soupe de graines de sésame
Sel + poivre

En outre, il est nécessaire
1 écumeur
1 mélangeur sur support
1 petit bol
Essuie-tout

Préparation:

1. Lavez le poulet, essuyez-le et faites des cubes de 2 cm. Dans un wok chaud, chauffer la moitié de l'huile et faire revenir les cubes de viande en portions à feu vif pendant 2 à 3 minutes, jusqu'à ce qu'ils soient dorés. Retirez-les avec un écumeur.

2. Peler et hacher finement les échalotes. Peler et écraser l'ail. Pelez le céleri, lavez-le et hachez-le finement. Faites-les sauter pendant 1 à 2 minutes sans les faire dorer.

3. Mettez la viande et les ingrédients de l'étape 2 dans le mélangeur et réduisez-les à la purée fine. Ajouter 1 cuillère à soupe de sauce soja claire. Casser l'œuf, saler et poivrer et créer une pâte ferme.

4. Dans un petit bol, mélanger la sauce soja foncée, le vin de riz et les graines de sésame pour tremper. Mettez le bol de côté.

5. Formez des boules de la taille d'une noix avec la pâte. Faites-les frire en portions dans le reste de l'huile pendant 4 à 5 minutes, en les remuant constamment jusqu'à ce qu'ils soient dorés. Ils s'égouttent sur du papier absorbant.

6. Nettoyez les oignons de printemps et coupez-les en morceaux de 5 cm de long. Faites-les sauter dans le wok pendant 1 à 2 minutes jusqu'à ce qu'ils soient tendres. Ajoutez ensuite le reste de la sauce soja claire et faites cuire encore 1 minute. Préparez les boulettes avec les morceaux d'oignons de printemps et les tasses de sauce.

MÉLANGE DE HARICOTS ET DE SHIITAKE

Valeurs nutritionnelles : 134 kcals, glucides 10 g, lipides 8 g, protéines 5 g

Pour 6 portions
Temps de préparation: 30 min
Difficulté: facile

Ingrédients:

750 g de haricots verts
200 g de champignons shiitake
6 oignons de printemps
2 cuillères à soupe de graines de sésame
2 cuillères à soupe de mirin
2 cuillères à soupe de sauce soja
1 cuillère à soupe d'huile d'arachide
1 cuillère à soupe de sucre
2 cuillères à café de racine de gingembre (hachée)
1 cuillère à café d'huile de sésame

Préparation:

1. Nettoyez les oignons de printemps, coupez 5 en tranches et 1 en fines lanières. Pendant ce temps, faites griller les graines de sésame sans gras dans un wok jusqu'à ce qu'elles dégagent un parfum aromatique et soient brun doré. Ensuite, retirez-les.

2. Mélangez les deux huiles dans le wok et chauffez. Faites cuire les haricots et les rondelles d'oignon de printemps pendant 4 minutes, en remuant constamment. Ajoutez ensuite les champignons et le gingembre. Ramenez le contenu pendant 4 minutes, en remuant constamment.

3. Ajouter le mirin, la sauce soja et le sucre. Bien mélanger et cuire pendant 2 minutes jusqu'à ce que les haricots soient tendres. Garnir le plat de tranches d'oignons de printemps et de graines de sésame.

3.2 VIANDE ET HACHIS

Les plats de viande consistants et lourds appartiennent au passé Avec les recettes sur le thème de la viande, la qualité et le goût propre des différents types de viande sont mis en évidence. De plus, les plats suivants offrent une nouvelle légèreté au plaisir de la viande.

VIANDE AIGRE-DOUCE POÊLÉE

Valeurs nutritionnelles : 297 kcals, glucides 9 g, lipides 18 g, protéines 27 g

Pour 4 portions
Temps de préparation: 30 min
Difficulté: facile

Ingrédients:

500 g de viande de votre choix
100 g de tomates cerise
16 oignons de printemps
10 feuilles de basilic
50 ml de jus de citron vert et 50 ml d'huile de tournesol
2 cuillères à soupe de miel (liquide)
Sel + poivre

Préparation:

1. Lavez les tomates et coupez-les en deux. Lavez la viande, essuyez-la et coupez-la en lanières. Pelez les oignons et coupez-les en quatre.

2. Chauffer le wok à feu vif et chauffer la moitié de l'huile. Les oignons y cuisent pendant 5-6 minutes. Ajoutez ensuite les moitiés de tomates, salez et poivrez le contenu. Retirez tout du wok et mettez-le de côté.

3. Dans l'autre moitié de l'huile, faire revenir la viande pendant 3 minutes. Saler et poivrer.

4. Ajoutez à nouveau les légumes à la viande. Ajouter le jus de citron vert et le miel et mélanger vigoureusement. Cuire le contenu du wok à feu vif pendant encore 2 à 3 minutes.

5. Lavez le basilic, secouez-le pour le sécher et hachez les feuilles. Ils seront utilisés comme garniture fraîche du plat.

BŒUF THAÏLANDAIS

Valeurs nutritionnelles : 358 kcals, glucides 6 g, lipides 20 g, protéines 39 g

Pour 4 portions
Temps de préparation: 30 min
Difficulté: facile

Ingrédients:

500 g rumsteck
400 g de chou blanc
80 ml de sauce soja (sucrée)
50 ml d'huile de tournesol
3 gousses d'ail
1 morceau de gingembre (environ 2 cm)
1 piment (vert)
1 piment (rouge)
Sel + poivre

Préparation:

1. Lavez le chou, nettoyez-le, retirez le noyau et coupez-le en lanières. Pelez l'ail et le gingembre et hachez-les finement. Lavez la viande, essuyez-la et coupez-la en lanières.

2. Chauffer le wok, puis la moitié de l'huile. Le chou y cuit pendant 3 à 4 minutes. Ensuite, le chou blanc est salé, poivré et mis de côté.

3. Faire revenir le bœuf dans le reste de l'huile chaude pendant 2-3 minutes. Lavez les poivrons et coupez-les en fines tranches. Mettez-les dans le wok avec les épices et la sauce pendant environ 2 minutes en remuant constamment.

4. Ajouter le chou à la fin de la cuisson pendant 1 minute et mélanger en tournant pendant 1 minute. Servir immédiatement après.

LA VIANDE DE POIS MANGE

Valeurs nutritionnelles : 368 kcals, glucides 8 g, lipides 20 g, protéines 39 g

Pour 4 portions
Temps de préparation: 30 min
Difficulté: facile

Ingrédients:

500 g de filet de votre choix
300 g de pois mange-tout/pois mange-tout
50 ml d'huile de tournesol
3 gousses d'ail
1 oignon
4 cuillères à soupe de sauce aux huîtres
Sel + poivre

En outre, il est nécessaire
1 pot

Préparation:

1. Blanchir les pois dans une casserole d'eau bouillante. Lavez la viande, essuyez-la et coupez-la en lanières de la taille d'une bouchée. Pelez l'ail et hachez-le finement. Pelez l'oignon, coupez-le en deux et réduisez-le en fines lanières.

2. Chauffer le wok à feu moyen et chauffer l'huile. Faire revenir les morceaux d'oignon pendant environ 5 minutes.

3. Augmentez le feu au maximum et ajoutez la viande et l'ail. Faire sauter pendant 5 minutes en remuant constamment. Salez et poivrez le contenu du wok.

4. Enfin, ajoutez les pois et la sauce aux huîtres pendant encore 5 minutes. N'oubliez pas de mélanger et de servir immédiatement.

FILET DE PORC À LA MOUTARDE ET AU MIEL

Valeurs nutritionnelles : 366 kcals, glucides 12 g, lipides 22 g, protéines 33 g

Pour 4 portions
Temps de préparation: 40 min
Difficulté: facile

600 g de filet de porc
50 ml de vin blanc
3 échalotes
1 gousse d'ail
3 cuillères à soupe de miel
2 cuillères à soupe d'huile d'olive
2 cuillères à soupe de moutarde de Dijon (forte)
1 cuillère à soupe de moutarde (en grains)
Sel + poivre

En outre, il est nécessaire
1 était

Préparation:

1. Lavez et séchez le filet de porc, puis coupez-le en lanières. Pelez les échalotes, coupez-les en tranches et réservez.

2. Peler et hacher finement l'ail. Dans un bol, combinez celui-ci, le miel et les deux types de moutarde. Saler et poivrer.

3. Dans le wok chauffé, la température est augmentée de 1/2 cuillère à soupe d'huile. La moitié des morceaux de viande y sont cuits pendant 3 minutes à feu vif. Pendant ce temps, la viande doit être retournée régulièrement. Ensuite, il est salé et poivré. Procédez de la même manière avec la deuxième moitié de la viande.

4. Dans le reste de l'huile, faire revenir les échalotes pendant 2 minutes, également à feu vif, en remuant constamment. Mouiller avec le vin et dissoudre le fond de cuisson dans le wok.

5. En conséquence, la sauce est versée dans le wok. Ensuite, les morceaux de viande sont ajoutés. Baisser le feu et laisser mijoter pendant environ 10 minutes, en remuant de temps en temps.

BŒUF MARINÉ

Valeurs nutritionnelles : 235 kcals, glucides 6 g, lipides 9 g, protéines 35 g

Pour 4 portions
Temps de préparation: 30 min + 3-4 h marinade
Difficulté: facile

Ingrédients:
500 g de steak de hanche
40 g d'arachides (grillées)
8 tiges de coriandre
3 tiges de citronnelle
3 gousses d'ail
1 oignon
2 cuillères à soupe de sauce de poisson
1 cuillère à soupe d'huile comestible
2 cuillères à café de sucre

En outre, il est nécessaire
2 bols

Préparation:

1. Lavez la viande, essuyez-la et coupez-la en tranches. Ensuite, mettez-le dans un bol. Nettoyez la citronnelle et séparez les parties blanches des parties vertes. Hachez uniquement les extrémités blanches.

2. Dans un deuxième bol, bien mélanger tous les ingrédients restants, à l'exception des arachides. Versez cette marinade sur la viande. Couvrir le bol et faire mariner au réfrigérateur pendant 3 à 4 heures.

3. Cuire la viande en portions dans le wok chaud, en la remuant constamment jusqu'à ce qu'elle soit croustillante. La citronnelle et les oignons ne doivent pas être saisis. Lavez la coriandre, secouez-la pour sécher et détachez les feuilles.

4. Hachez finement les arachides. Ils sont mélangés avec la viande pendant les 2 dernières minutes. Les feuilles de coriandre sont empilées pour former un lit pour la viande. Disposez le contenu du wok sur cette couche verte.

BŒUF THAÏLANDAIS BRAISÉ

Valeurs nutritionnelles : 290 kcals, glucides 7 g, lipides 20 g, protéines 27 g

Pour 4 portions
Temps de préparation: 40 min + 2 heures de marinade
Difficulté: facile

Ingrédients:
400 g de filet de bœuf
20 feuilles d'épinards
4 tiges de coriandre
2 gousses d'ail
1 semblait
1 poivre (rouge)
3 cuillères à soupe de jus de citron vert et 3 cuillères à soupe d'huile de cuisson
2 c. à soupe de sauce soja (claire) et 2 c. à soupe de sauce de poisson
1 cuillère à soupe de sucre de canne brut
2 cuillères à café de poivre noir (moulu)
En outre, il est nécessaire
2 bols
1 mélangeur sur support
1 passoire

Préparation:

1. Lavez la viande, essuyez-la et coupez-la en tranches de 2,5 cm d'épaisseur. Lavez la coriandre, secouez-la pour la sécher et hachez-la finement. Peler et hacher l'ail.

2. Dans un bol, ils sont mélangés avec les deux sauces et 1 cuillère à soupe d'huile. Ajouter le poivre, la coriandre, l'ail et le sucre. Réduire le tout en purée et verser sur le bœuf. Couvrir et faire mariner au réfrigérateur pendant 2 heures.

3. Versez la marinade dans un bol à travers une passoire. Cuire les morceaux de viande en portions dans 1 cuillère à soupe d'huile. Ensuite, mettez toute la viande dans le wok et ajoutez la marinade et 125 ml d'eau. Laisser mijoter 8 minutes à température réduite.

4. Retirez la viande, faites mijoter la sauce pendant encore 10 minutes et égouttez.

5. Chauffer le reste de l'huile dans le wok. Nettoyez le poireau et coupez-le en tranches. Faire revenir pendant 2 minutes à feu vif. Lavez les épinards, secouez-les pour les sécher et triez-les. Retirez les tiges des épinards. Ensuite, ajoutez-les aux poireaux pendant 30 secondes.

6. Lavez le poivre, coupez-le en deux et débarrassez-le de ses graines et de sa peau. Couper le légume en lanières très fines. Disposer la viande sur le lit de poireaux et d'épinards et l'arroser de marinade et de jus de citron vert. Saupoudrer le plat de lanières de poivre.

VIANDE DE GINGEMBRE

Valeurs nutritionnelles : 458 kcals, glucides 11 g, lipides 23 g, protéines 51 g

Pour 4 portions
Temps de préparation: 25 min
Difficulté: facile

Ingrédients:

600 g de filet de porc
350 g de haricots verts
175 ml de sauce soja
2 gousses d'ail
4 cuillères à soupe de vinaigre de riz
2 c. à soupe de racine de gingembre (fraîchement râpée)
2 cuillères à soupe d'huile d'arachide
3 c. à thé d'amidon
1 cuillère à café de sucre
1 pincée de flocons de piment (séchés)

En outre, il est nécessaire
2 bols
1 passoire

Préparation:

1. Dans un bol, mélanger la sauce soja, le vinaigre et le sucre. Ajoutez ensuite l'amidon et 75 ml d'eau. Mélangez bien le tout. Lavez le porc, séchez-le et coupez-le en tranches. Couvrez-le dans le bol.

2. Chauffer 1 cuillère à soupe d'huile dans le wok chaud. Égoutter la viande dans un deuxième bol à l'aide d'une passoire. Cuire à haute température pendant 1 à 2 minutes en remuant. Retirez ensuite le porc du wok.

3. Nettoyez les haricots et coupez-les en morceaux de la taille d'une bouchée. Peler et hacher l'ail. Faire revenir les haricots dans le reste de l'huile chauffée pendant 3-4 minutes. Ajoutez ensuite l'ail et le gingembre.

4. Après environ 1 minute, ajoutez la viande ainsi que le liquide récupéré dans le wok. Portez le tout à ébullition. Laisser mijoter encore 2 minutes, jusqu'à ce que la sauce épaississe.

BŒUF CHOP-SUEY

Valeurs nutritionnelles : 518 kcals, glucides 11 g, lipides 41 g, protéines 27 g

Pour 4 portions
Temps de préparation: 45 min
Difficulté: facile

Ingrédients:

500 g de bœuf haché
200 g de germes de soja
15 g de Mu-Err-Pize (séché) l
150 ml de bouillon de bœuf
2 carottes
2 gousses d'ail + 1 oignon
1 morceau de gingembre (environ 2 cm)
1 poivre (rouge)
1 tige de céleri + 1 brocoli
1 chaux
4 cuillères à soupe d'huile d'arachide (ou de tournesol)
3 cuillères à soupe de sauce soja
2 cuillères à soupe de miel
1 cuillère à soupe d'amidon

En outre, il est nécessaire
3 bols
1 râpe à légumes

Préparation:

1. Les champignons trempent dans un bol d'eau chaude pendant environ 10 minutes. Ensuite, rincez-

les, égouttez-les et coupez-les en deux. Pelez l'oignon et coupez-le en fines tranches. Pelez l'ail et hachez-le finement. Pelez le gingembre et râpez-le finement.

2. Lavez le poivre, coupez-le en deux et débarrassez-le de ses graines et de sa peau. Couper le poivre en lanières. Pelez le céleri et les carottes et coupez-les en dés. Lavez le brocoli et coupez-le en petits bouquets.

3. Lavez la chaux à l'eau chaude, essuyez-la et coupez-la en deux. Pressez les agrumes et rassemblez le jus dans un bol. Dissoudre l'amidon dans le bouillon à l'aide du troisième bol. Ajouter le miel, le jus de lime et la sauce soja.

4. Chauffer 2 cuillères à soupe d'huile dans le wok chaud et faire revenir la viande hachée avec de l'ail, de l'oignon et du gingembre pendant 5 minutes à feu vif, en remuant constamment. Le liquide sécrété par la viande doit s'évaporer complètement. Saler, poivrer et réserver.

5. Dans l'huile, faire revenir tous les légumes pendant 5 minutes à feu vif. Ajoutez ensuite la sauce, puis la viande. Porter à ébullition, réduire la température et laisser mijoter pendant 5 minutes.

BO BUN

Valeurs nutritionnelles : 431 kcals, glucides 34 g, lipides 18 g, protéines 34 g

Pour 4 portions
Temps de préparation : 1h10
Difficulté: facile

Ingrédients:

500 g de longe de bœuf
250 g de vermicelles de riz + 150 g de germes de soja
120 g de sucre
50 g d'arachides
100 ml nuoc mam (sauce de poisson vietnamienne)
50 ml de vinaigre + 1 cuillère à soupe d'huile d'arachide
16 feuilles de menthe + 8 feuilles de laitue iceberg
4 tiges de coriandre verte + 2 tiges de citronnelle
2 carottes
1 gousse d'ail
3 cuillères à soupe de sauce aux huîtres et 3 cuillères à soupe de sauce soja
1/2 cuillère à café de pâte de chili
En outre, il est nécessaire
4 coupes
1 était
1 râpe à légumes
Préparation:

1. Lavez la viande, essuyez-la et coupez-la en lanières. Nettoyez la citronnelle et pressez-la. Pelez l'ail et hachez-le finement. Dans un bol, mélanger ces

ingrédients avec la sauce aux huîtres et la sauce soja. Laisser mariner la viande pendant 30 minutes au réfrigérateur.

2. Mélangez bien le vinaigre et la sauce de poisson avec 400 ml d'eau dans le wok. Ajoutez ensuite le sucre et la pâte de chili. Porter le tout à ébullition et réserver.

3. Lavez, pelez et râpez grossièrement les carottes. Lavez la salade, secouez-la et coupez-la en petits morceaux. Faire tremper le riz selon les instructions sur l'emballage et hacher grossièrement les arachides.

4. Dans le wok chauffé, faire revenir la moitié du bœuf dans 1/2 cuillère à soupe d'huile pendant 2 minutes à feu vif. Procédez de la même manière avec l'autre moitié de la viande.

5. Préparez quatre bols et répartissez uniformément les légumes. Lavez la coriandre et la menthe, secouez-les pour les sécher et coupez les feuilles déchirées en petits morceaux. Étalez-les sur les légumes, à l'exception d'un petit reste pour la garniture.

6. Divisez d'abord les nouilles de riz, puis la viande dans les petits bols. Versez ensuite une portion de sauce dessus. Enfin, des arachides hachées sont ajoutées ainsi que des herbes décoratives.

BOULETTES DE VIANDE AU CURRY

Valeurs nutritionnelles : 475 kcals, glucides 42 g, lipides 25 g, protéines 20 g

Pour 4 portions
Temps de préparation: 40 min
Difficulté: facile

Ingrédients:

200 g de porc haché
200 g de nouilles aux œufs asiatiques
375 ml de lait de coco
3 gousses d'ail
2 tiges de citronnelle
1 tige de basilic thaïlandais
1 tige de coriandre
1 oignon de printemps
1 piment (rouge)
1 morceau de gingembre (environ 2,5 cm)
2 cuillères à soupe de sauce de poisson
1-2 c. à soupe de pâte de curry (vert)
1 cuillère à soupe d'huile comestible
2 cuillères à café de sucre de canne brut

En outre, il est nécessaire
1 mélangeur sur support

Préparation:

1. Pelez et hachez finement l'ail. Nettoyez la citronnelle, divisez-la entre les parties blanche et verte et hachez finement la partie blanche. Peler et râper le gingembre. Réduire en purée les ingrédients préparés et la viande hachée dans un mélangeur. Ensuite, formez de petites boulettes.

2. Faire revenir la pâte de curry dans de l'huile chaude pendant 1 minute à feu vif, en remuant constamment. Ajoutez ensuite le lait de coco et 250 ml d'eau. Après ébullition, réduisez la température et laissez mijoter encore 5 minutes.

3. Ajouter les boulettes de viande et cuire pendant 5 minutes. Laver, sécher et hacher le basilic. Mélangez-le avec la sauce de poisson et le sucre dans le wok.

4. Cuire les pâtes selon les instructions sur l'emballage et égoutter. Ajoutez-les aux boulettes avec la sauce. Nettoyez, lavez et hachez finement le piment, la coriandre et les oignons de printemps.

FLAMME DE MOUTARDE DOUCE

Valeurs nutritionnelles : 485 kcals, glucides 15 g, lipides 30 g, protéines 30 g

Pour 4 portions
Temps de préparation: 30 min
Difficulté: facile

Ingrédients:

500 g de filet d'agneau
250 g de pois
125 g de crème
50 g de moutarde (en grains)
25 g de beurre (salé)
2 gousses d'ail
1 oignon
2 cuillères à soupe d'huile comestible
2 cuillères à soupe d'eau-de-vie
1 cuillère à soupe de miel

Préparation:

1. Chauffer 1 cuillère à soupe d'huile dans le wok chaud Laver la viande, la sécher et la réduire en lanières. Mettez-le en portions dans le wok à feu vif jusqu'à ce qu'il soit légèrement doré. Ensuite, la viande est mise de côté.

2. Pelez et écrasez l'ail. Pelez l'oignon et coupez-le en quatre. Faire revenir les oignons, l'ail et les pois dans le reste de l'huile. Cuire à feu moyen pendant 3 à 4 minutes, jusqu'à ce que les oignons deviennent transparents. Mettez ce mélange de côté.

3. Réduire le feu et mélanger les autres ingrédients dans le wok. Laisser mijoter pendant 3 à 4 minutes. Ajoutez ensuite la viande et les légumes et reriffez doucement avec la crème.

VIANDE D'AUBERGINE ÉPICÉE

Valeurs nutritionnelles : 425 kcals, glucides 7 g, lipides 30 g, protéines 35 g

Pour 4 portions
Temps de préparation: 40 min
Difficulté: facile

Ingrédients:
600 g de viande de votre choix
500 g d'aubergine
250 ml de crème de coco
2 gousses d'ail
1 oignon
1 piment (rouge)
5 cuillères à soupe d'huile comestible
2 cuillères à soupe de feuilles de persil (hachées)
1 cuillère à soupe de cumin (moulu)
1 cuillère à soupe de coriandre (moulue)
1 cuillère à soupe de feuilles de menthe (moulues)
2 cuillères à café de curcuma (moulu)
1 cuillère à café de cannelle (moulue)
Sel + poivre

Préparation:

1. Chauffer le wok avec 1 cuillère à soupe d'huile. Peler et hacher finement l'oignon. Mettez-le dans le wok jusqu'à ce qu'il soit doré. Ensuite, mettez-le de côté.

2. Lavez les aubergines, pelez-les et coupez-les en bâtonnets. Ils sont ensuite immergés dans 1 cuillère à soupe d'huile chaude. Une fois qu'ils sont dorés, égouttez-les sur une serviette en papier.

3. Lavez le piment, retirez les graines et hachez-le finement. Lavez la viande, essuyez-la et coupez-la en fines tranches. Cuire la viande en portions dans les 2 cuillères à soupe d'huile restantes.

4. Mélangez tous les ingrédients et les épices. Après avoir remué pendant 1 minute, la crème de noix de coco est incorporée. Portez le tout à ébullition. À la fin, ajoutez les herbes, salez et poivrez le tout.

COLONNE VERTÉBRALE DE PORC AU SÉSAME

Valeurs nutritionnelles : 551 kcals, glucides 16 g, lipides 39 g, protéines 34 g

Pour 4 portions
Temps de préparation: 35 min
Difficulté: facile

Ingrédients:

400 g de colonne vertébrale de porc
100 g d'arachides
50 ml de sirop d'érable
50 ml d'huile d'olive
6 oignons de printemps
2 carottes
2 cuillères à soupe de graines de sésame
1/2 cuillère à café de assai en poudre
Sel + poivre

En outre, il est nécessaire
1 était

Préparation:

1. Lavez et séchez la viande et coupez-la en cubes. Lavez et pelez les légumes, coupez les oignons en tranches et les carottes en lanières allongées. Retirez la coquille des arachides et hachez-les.

2. Chauffer le wok à feu moyen et faire revenir les cubes de colonne vertébrale de porc dans l'huile pendant 8 à 10 minutes, en remuant constamment. Saler et poivrer ensuite. Dans un bol, mélanger les graines de sésame avec la poudre de assai.

3. Augmentez le feu au maximum et ajoutez les noix et le sirop au contenu. Cuire encore 3-4 minutes en remuant constamment.

4. Ajoutez ensuite les légumes. Tout cuit à nouveau pendant 2 minutes. Enfin, saupoudrez le plat de sésame assai.

CAROTTES AU CARAMEL

Valeurs nutritionnelles : 325 kcals, glucides 29 g, lipides 12 g, protéines 25 g

Pour 2 portions
Temps de préparation: 30 min
Difficulté: facile

Ingrédients:

300 g de carottes
200 g d'escalope de porc
1 gousse d'ail
1/2 bouquet de feuilles de coriandre
4 cuillères à soupe de sucre
2 cuillères à soupe d'huile
2 cuillères à soupe de vinaigre de riz
2 cuillères à soupe de sauce soja
2 cuillères à soupe de sauce de poisson
Poivre

Préparation:

1. Lavez la viande, essuyez-la et coupez-la en fines lanières. Peler et hacher finement l'ail. Mélanger la viande, 1 cuillère à soupe de sauce de poisson et l'ail. Lavez les carottes, pelez-les et coupez-les en fines tranches en un angle.

2. Chauffer 1 cuillère à soupe d'huile dans le wok chaud. La viande y est saisie pendant 2 minutes, en remuant. Déglacer le contenu avec le reste de la sauce de poisson et du poivre. Retirez la viande.

3. Chauffer le reste de l'huile dans le wok et faire sauter les carottes en remuant pendant environ 3 minutes. Ensuite, retirez-les.

4. Nettoyez le wok et caramélisez le sucre jusqu'à ce qu'il soit doré. Ajouter soigneusement environ 100 ml d'eau et de vinaigre. En remuant, le caramel se dissout et est réduit en 6-8 minutes à feu vif en une sorte de sirop.

5. Incorporer la sauce soja et ajouter les carottes et la viande. Laisser mijoter le contenu du wok pendant environ 3 minutes en remuant constamment. Lavez la coriandre, secouez-la et hachez finement la bande de feuilles. Saupoudrer le plat de coriandre et de poivre grossièrement moulu.

AGNEAU DU CACHEMIRE

Valeurs nutritionnelles : 750 kcals, glucides 82 g, lipides 35 g, protéines 29 g

Pour 2 portions
Temps de préparation : 30 min + 3 heures de marinade
Difficulté: facile

Ingrédients:
250 g de viande d'agneau (cuisse)
150 g de riz
50 g de raisins secs
6-8 filaments de safran
4 gélules de cardamome (verte)
3 clous de girofle
2 oignons
1 gousse d'ail
1 morceau de gingembre (environ 1 cm)
1 bâton de cannelle
3 cuillères à soupe d'huile
1/2 cuillère à café de cumin (moulu)
1/2 cuillère à café de garam masala
1 pincée de poudre de chili
Sel + poivre

En outre, il est nécessaire
1 était
1 passoire

Préparation:

1. Lavez la viande, essuyez-la et coupez-la en petits dés. Pelez le gingembre et l'ail et hachez-les finement.

Frottez l'agneau avec du cumin, du garam masala, du piment, de l'ail et du gingembre. Poivrer généreusement et laisser reposer pendant 3 heures.

2. Faites tremper le riz dans un bol d'eau froide pendant environ 20 minutes. Ensuite, égouttez à l'aide de la passoire. Pelez les échalotes, coupez-les en deux dans le sens de la longueur et coupez-les finement.

3. Chauffer la moitié de l'huile dans le wok chauffé. Saisir brièvement la viande d'agneau, en remuant et l'en enlever. Faire revenir les oignons dans le reste de l'huile chauffée. Écrasez les capsules de cardamome et ajoutez-les avec les clous de girofle et la cannelle. Laisser mijoter jusqu'à ce que les oignons soit brun foncer.

4. De la viande, du safran, des raisins secs et du riz sont ajoutés au contenu du wok. Il est complété par 300 ml d'eau. Salez le tout et mélangez bien. Couvrir et laisser mijoter le plat à feu doux pendant environ 20 minutes. Avant de servir, mélanger vigoureusement et retirer les épices.

VIANDE DE POIVRE

Valeurs nutritionnelles : 360 kcals, glucides 2 g, lipides 24 g, protéines 36 g

Pour 4 portions
Temps de préparation: 25 min
Difficulté: facile

Ingrédients:

500 g de viande de votre choix
150 g de tomates cerise
50 ml d'huile de tournesol
4 tiges de coriandre
3 gousses d'ail
2 poireaux
1 cuillère à soupe de poivre (fraîchement moulu)
Sel

Préparation:

1. Lavez et nettoyez le poireau, puis coupez-le en fines lanières. Pelez l'ail et hachez-le finement. Lavez les tomates et coupez-les en deux. Lavez la viande, essuyez-la et coupez-la en fines lanières. Salez et poivrez directement ces tranches de viande.

2. Chauffer le wok à feu moyen et chauffer la moitié de l'huile. Faire revenir les lanières de poireaux

pendant 1 minute. Ensuite, retirez-les du wok et mettez-les de côté.

3. Augmentez la température à un niveau élevé et faites frire la viande dans le reste de l'huile pendant 1 minute. Ajoutez ensuite les tomates, l'ail et le poireau. Le contenu cuit encore 2 minutes, en remuant constamment.

4. Ajouter la coriandre lavée et hachée à la fin, faire pivoter brièvement et servir immédiatement.

3.3 POULET ET CANARD

Comme alternative à la viande rouge, les plats de volaille séduisent par leur légèreté corsée. La préparation de cette viande est également imprégnée d'une nouvelle magie lorsqu'elle est cuite dans un wok. Le poulet, le canard et d'autres sont souvent trop secs et perdent leur charme. Avec les plats suivants, un monde de saveurs s'ouvrira à vous pour le poulet, la dinde et d'autres variantes de volaille.

CURRY DE CANARD À L'ANANAS

Valeurs nutritionnelles : 405 kcals, glucides 25 g, lipides 32 g, protéines 4 g

Pour 4 à 6 portions
Temps de préparation: 25 min
Difficulté: facile

Ingrédients:
750 g de canard rôti
450 g d'ananas (boîte)
400 ml de lait de coco
8 oignons de printemps

3 feuilles de kaffir de citronnier
2 gousses d'ail
1 tige de coriandre verte
1 tige de menthe
1 cuillère à soupe d'huile d'arachide
1 cuillère à soupe de poudre de curry

Préparation:

1. Nettoyez les oignons de printemps et coupez-les en morceaux. Écraser l'ail et laver et sécher les herbes. Dépouillez et hachez les deux.

2. Chauffez l'huile dans le wok et faites-la pivoter. Faire revenir les oignons de printemps, l'ail et la pâte pendant 1 minute, jusqu'à ce que les arômes se développent.

3. Videz le canard et réduisez-le en morceaux. Égoutter le jus de l'ananas. Mélanger le reste des ingrédients dans le wok, à l'exception des herbes hachées. Portez le tout à ébullition. Ensuite, réduisez la température et faites mijoter le contenu pendant 10 minutes. Ajouter les herbes sur le dessus comme garniture.

POULET AUX OLIVES

Valeurs nutritionnelles : 577 kcals, glucides 2 g, lipides 42 g, protéines 49 g

Pour 4 portions
Temps de préparation : 1 h + 1 h de repos
Difficulté: facile

Ingrédients:

100 g d'olives (dénoyautées)
70 g d'amandes (pelées)
8 tiges de coriandre verte
6 cuisses de poulet
2 oignons + 2 gousses d'ail de chaque côté
2 citrons
4 cuillères à soupe d'huile d'olive
1 cuillère à soupe de coriandre + curcuma + gingembre moulu de chaque côté
1 pincée de safran
Sel + poivre

En outre, il est nécessaire
1 était
1 assiette

Préparation:

1. Lavez le poulet, séchez-le et désossez-le. Coupez-le en petits morceaux. Lavez 1 citron dans de l'eau chaude, essuyez-le et coupez-le en deux. Pressez le jus de citron.

2. Versez le jus de citron plus 3 cuillères à soupe d'huile dans un bol. Ajouter le safran et le reste des épices en poudre et mélanger vigoureusement. Placez la viande dedans pendant 1 heure dans un endroit frais.

3. Pelez les oignons et coupez-les en fines tranches. Pelez l'ail et hachez-le finement. Lavez le reste du citron à l'eau chaude, essuyez-le et coupez-le en petits morceaux avec son zeste.

4. Chauffer le wok sans graisse. Faire revenir la moitié des morceaux de viande à feu vif pendant environ 3 minutes, en remuant constamment. Procédez de la même manière avec le reste de la viande de poulet. Placer sur une assiette.

5. Mettez le reste de l'huile dans le wok à feu vif et faites sauter les morceaux d'oignon pendant 2 minutes en remuant. Ajoutez tout au wok, à l'exception des feuilles de coriandre. Cuire à feu vif pendant 2 minutes, en remuant constamment.

6. Versez environ 250 ml d'eau, salez et poivrez le contenu. Porter à ébullition et laisser mijoter à feu doux pendant environ 20 minutes. Lavez la coriandre, pelez et hachez les feuilles. Saupoudrer la poêle de poulet.

DINDE ORIENTALE

Valeurs nutritionnelles : 425 kcals, glucides 17 g, lipides 25 g, protéines 37 g

Pour 4 portions
Temps de préparation: 30 min
Difficulté: facile

Ingrédients:

325 g de pois chiches
75 g de pistaches (non salées)
2 filets de poitrine de dinde
2 tiges de persil
1 oignon
1 tomate
Jus d'une orange
2 cuillères à soupe d'huile comestible
Sel + poivre

Préparation:

1. Lavez, séchez et coupez la viande en fines tranches. Pelez l'oignon et coupez-le en tranches. Lavez la tomate, coupez-la en deux et retirez le pédoncule. Ensuite, coupez-le en petits morceaux. Lavez le persil, secouez-le pour le sécher et hachez-le finement.

2. Faites tourner la dinde en portions dans 1 cuillère à soupe d'huile chaude pendant 3 à 5 minutes. Lorsqu'il est cuit, il est retiré du wok.

3. Faites frire l'oignon dans le reste de l'huile pendant 2 minutes. Ajoutez ensuite les pois chiches, les pistaches et la tomate. Après 3 à 5 minutes, tout devrait être chaud. Versez le jus et remettez la viande dans la poêle.

4. Lorsque la moitié du liquide a diminué, ajouter le persil. Ensuite, assaisonnez généreusement avec du sel et du poivre.

POULET À L'ORANGE ET AU GINGEMBRE

Valeurs nutritionnelles : 480 kcals, glucides 4 g, lipides 20 g, protéines 70 g

Pour 4 portions
Temps de préparation: 40 min
Difficulté: facile

Ingrédients:

500 g de pack choc
125 ml de bouillon de volaille
10 cuisses de poulet
3 cuillères à soupe d'huile d'olive
2 cuillères à soupe de graines de sésame
3 cuillères à soupe de racine de gingembre (râpée)
2 cuillères à soupe de miel
1 cuillère à café d'écorce d'orange
Sel + poivre

Préparation:

1. Laver, sécher et vider les cuisses de poulet. Ensuite, coupez la viande en petits morceaux. Nettoyez le paquet chow et coupez-le en deux ou en morceaux.

2. Faites griller les graines de sésame dans un wok sans gras jusqu'à ce qu'elles dégagent un parfum aromatique. Ensuite, ils sont retirés et l'huile chauffée. La viande cuit ensuite en portions pendant environ 3 à 4 minutes, en remuant constamment, jusqu'à ce qu'elle soit dorée.

3. Mettez toute la viande de poulet dans le wok et ajoutez l'écorce d'orange et le gingembre. Après 20 secondes de cuisson, ajouter le bouillon et le miel. Mélangez bien le tout. Laisser mijoter 3 à 4 minutes jusqu'à ce que la sauce épaississe légèrement.

4. Mettez le paquet chow dans la casserole jusqu'à ce que ses feuilles s'affaissent légèrement. Saler et poivrer, puis saupoudrer de sésame.

CURRY DE POULET INDIEN

Valeurs nutritionnelles : 397 kcals, glucides 8 g, lipides 27 g, protéines 32 g

Pour 4 à 6 portions
Temps de préparation: 45 min
Difficulté: facile

Ingrédients:

1 kg de cuisses de poulet
350 g de purée de tomates
125 g de crème
50 g de yogourt nature
50 g de beurre (salé)
6 gélules de cardamome
1 bâton de cannelle
2 cuillères à soupe d'huile d'arachide
1 cuillère à soupe de sucre
1 cuillère à soupe de jus de citron
1 cuillère à soupe de racine de gingembre (hachée finement)
2 ccs de garam masala
2 cuillères à soupe de poudre de paprika (doux)
2 cuillères à café de coriandre (moulue)
1/2 cuillère à café de poivre de Cayenne

Préparation:

1. Lavez la viande, séchez-la et videz-la. Ensuite, réduisez-le en cubes. Appuyez sur les capsules de cardamome. Dans un wok chaud, faire revenir la

viande avec 1 cuillère à soupe d'huile en portions pendant 4 minutes, puis retirez-la.

2. Faire fondre le beurre dans la poêle à feu doux. Faire d'abord sauter le mélange de toutes les épices pendant 1 minute. Lorsque les arômes se développent, ajoutez la viande.

3. Passez abondamment la viande de poulet dans les épices, ajoutez le concentré de tomate et le sucre. Laisser mijoter pendant 15 minutes, en remuant de temps en temps.

4. Lorsque la viande est tendre et que la sauce a épaissi, ajoutez la crème, le jus et le yogourt. Mélangez bien le tout et retirez le bâton de cannelle et les capsules de cardamome avant de servir.

POULET MASALA

Valeurs nutritionnelles : 569 kcals, glucides 6 g, lipides 37 g, protéines 54 g

Pour 4 portions
Temps de préparation : 45 min + 2 heures de repos
Difficulté: facile

Ingrédients:
200 g de crème fraîche + 125 g de yogourt (1 tasse)
8 tiges de coriandre verte
4 filets de poitrine de poulet
4 tomates
2 gousses d'ail + 1 oignon
1 bâton de cannelle
4 cuillères à soupe d'huile d'olive
1 cuillère à soupe de concentré de tomate et 1 cuillère à soupe de garam masala
1 cuillère à soupe de curcuma moulu + 1 cuillère à soupe de gingembre
1/2 cuillère à café de paprika en poudre
Sel + poivre

En outre, il est nécessaire
1 mélangeur sur support
1 était

Préparation:

1. Inciser la peau des tomates dans une croix et arroser le légume avec de l'eau chaude. La peau s'enlève facilement. Ensuite, coupez-les en quatre et débarrassez-les de la partie liquide. Pelez l'ail et

coupez-le en quatre. Lavez les filets, essuyez-les et coupez-les en lanières.

2. Mélanger les tomates, la pulpe, l'ail et 150 ml d'eau. Ajouter toutes les épices à la poudre. Ajouter 2 cuillères à soupe d'huile et passer le tout dans le mélangeur pour obtenir une masse lisse. Celui-ci atterrit avec la viande dans le bol. Saler et poivrer et faire mariner pendant 2 heures au réfrigérateur.

3. Retirez la poitrine de poulet de la marinade. Mettez la marinade de côté. Pelez l'oignon et coupez-le en fines tranches.

4. 2 cuillères à soupe d'huile plus bâton de cannelle sont chauffées dans le wok chaud. En remuant constamment, faire revenir l'oignon à feu vif pendant 2 minutes. Ajouter la viande et la cuire pendant 3 minutes en la retournant.

5. Ajouter la marinade à la viande dans le wok. Laisser mijoter à basse température pendant 5 minutes. Du yogourt et de la crème fraiche sont ensuite ajoutés. Enfin, le plat cuit à feu doux pendant encore 5 minutes.

6. Lavez la coriandre, secouez-la pour la sécher et hachez finement les feuilles feuillues. Saupoudrer le contenu du wok et servir le plat avec du riz.

NOIX-TURQUIE

Valeurs nutritionnelles : 400 kcals, glucides 10 g, lipides 25 g, protéines 30 g

Pour 4 portions
Temps de préparation: 40 min
Difficulté: facile

Ingrédients:
425 g de champignons de paille (en conserve)
375 g de poitrine de dinde
225 g de pousses de bambou (en conserve)
150 g de haricots serpentins
75 g de noix
6 oignons de printemps
2 cuillères à soupe de sauce soja
2 cuillères à soupe de sauce aux huîtres
2 cuillères à soupe d'huile d'arachide
2 cuillères à café de sucre de canne brut
2 cuillères à café d'amidon
1 cuillère à café d'huile de sésame
1/2 cuillère à café de poudre de cinq épices
Sel + poivre

En outre, il est nécessaire
1 était
Essuie-tout

Préparation:

1. Lavez la viande, nettoyez-la et coupez-la en lanières. Nettoyez et hachez les haricots. Nettoyez les oignons de printemps et coupez-les en fines tranches.

Égouttez les pousses de bambou et coupez-les en tranches.

2. Dans un bol, mélanger l'amidon et la sauce soja. Mélanger la sauce aux huîtres, le sucre et l'huile de sésame et 125 ml d'eau. Saupoudrer la viande avec le mélange d'épices.

3. Dans 1 cuillère à soupe d'huile d'arachide, faire revenir les noix pendant 30 secondes en les remuant constamment. Ils sont ensuite retirés et placés sur une serviette en papier pour être égouttés.

4. Chauffer le reste de l'huile dans le wok à haute température et cuire la dinde en portions pendant 2 à 3 minutes, en remuant. Retirez ensuite la viande.

6. Les champignons et les haricots, ainsi que les oignons de printemps et les pousses, sont ensuite cuits pendant 2 minutes dans le wok. Retirez ensuite les légumes. Versez ensuite la sauce et portez à ébullition. Après une minute, il s'épaissit un peu. Retournez les légumes et la viande au wok. Assaisonnez généreusement le plat et décorez-le avec les noix.

POULET AU SOJA ET NOUILLES CROUSTILLANTES

Valeurs nutritionnelles : 275 kcals, glucides 20 g, lipides 9 g, protéines 30 g

Pour 4 à 6 portions
Temps de préparation : 1 h 15
Difficulté: facile

Ingrédients:
750 g de cuisses de poulet
100 g de vermicelles de riz
100 g de pois mange-tout
75 ml de sauce soja + 50 ml de bouillon de légumes
6 oignons de printemps
2 tiges de céleri
1 carotte
1 gousse d'ail
1 poivre (vert + rouge)
3 cuillères à soupe d'huile comestible
3 cuillères à café d'amidon
2 cuillères à café de racine de gingembre (râpée)
En outre, il est nécessaire
1 était
Essuie-tout

Préparation:

1. Lavez, séchez et désossez le poulet. Coupez-le en cubes de 2 cm. Peler et écraser l'ail. Pelez la carotte et nettoyez le céleri, puis coupez-les en tranches. Nettoyez les pois mange-tout.

2. Lavez les poivrons, coupez-les en deux et retirez les graines et la peau. Ensuite, coupez les gousses en lanières. Nettoyez les oignons de printemps, coupez 5 en tranches et coupez-en 1 en tranches.

3. mélanger l'amidon ainsi que 40 ml de sauce soja dans un bol. Placez la viande là et mettez-la au frais. Chauffer le wok avec 1 cuillère à soupe d'huile et couper les nouilles en petits morceaux. Ensuite, faites-les frire l'un après l'autre jusqu'à ce qu'ils soient croustillants. Les nouilles coulent sur une serviette en papier.

4. Dans 1 autre cuillère à soupe d'huile, cuire la viande en portions pendant 4 minutes, en remuant. Retirez-le et mettez-le de côté. Chauffer la dernière cuillère à soupe d'huile et faire sauter le gingembre et l'ail en remuant pendant 30 secondes. Faire revenir tous les légumes pendant 2 à 3 minutes en remuant constamment.

5. Ajouter la viande, le bouillon et le reste de la sauce soja au plat. Disposer le mélange de viande et de légumes sur le lit de nouilles et garnir d'rondelles d'oignon printanières.

POULET INDIEN

Valeurs nutritionnelles : 360 kcals, glucides 15 g, lipides 20 g, protéines 30 g

Pour 4 portions
Temps de préparation: 40 min
Difficulté: facile

Ingrédients:

500 g de poitrine de poulet
50 g de yogourt grec nature
40 g d'amandes tranchées
2 gousses d'ail
1 oignon
1 orange
2 cuillères à soupe de jus d'orange
2 cuillères à soupe de raisins secs
2 cuillères à soupe d'huile comestible
2 cuillères à café de cumin (moulu)
2 cuillères à café de coriandre (moulue)
1 cuillère à café de sucre de canne brut
1 cuillère à café de cannelle (moulue)
1/2 cuillère à café de cardamome (moulue)
1/2 cuillère à café de poivre de Cayenne
Sel + poivre
En outre, il est nécessaire
1 râpe

Préparation:

1. Faites griller les amandes tranchées dans un wok sans gras et réservez. Faites griller toutes les épices

sèches à basse température, en remuant constamment jusqu'à ce que les arômes se développent. Pelez l'ail et hachez-le finement. Pelez l'oignon et coupez-le en tranches.

2. Ensuite, ajoutez 1 cuillère à soupe d'huile et faites sauter les oignons et l'ail à feu vif pendant environ 3 minutes. Ensuite, retirez le mélange et mettez-le de côté.

3. Lavez et séchez la viande de poulet et coupez-la en dés. Chauffer le wok avec le reste de l'huile. Cuire la viande en portions jusqu'à ce qu'elle soit dorée. Râpez le zeste d'une orange et ajoutez-le à la viande avec le mélange d'épices.

4. Ajouter le jus d'orange, les raisins secs et le sucre au contenu du wok. Laisser mijoter pendant 1 à 2 minutes à feu moyen jusqu'à ce que le liquide soit presque évaporé.

5. Ajouter le yogourt et augmenter légèrement la température. Le yogourt ne doit pas bouillir. Salez et poivrez le plat et décorez avec les amandes tranchées.

LIME CHICKEN À LA NONYA

Valeurs nutritionnelles : 380 kcals, glucides 4 g, lipides 25 g, protéines 32 g

Pour 4 à 6 portions
Temps de préparation: 45 min
Difficulté: facile

Ingrédients:

1 kg de cuisses de poulet
100 g d'échalotes
400 ml de lait de coco
125 ml de jus de citron vert
50 ml d'huile de cuisson
6 feuilles de kaffir de citronnier
4 gousses d'ail
2 tiges de citronnelle
2 ccs de pattes de tamarin
1 cuillère à soupe de pâte de crevettes
2 c. à thé de racine de galanga (hachée)
2 c. à thé de samba huilée (pâte de chili indonésienne)
1 cuillère à café de curcuma (moulu)
1 c. à thé de chaux
Sel

Préparation:

1. Nettoyez la citronnelle et ne hachez que la partie blanche. Pelez les échalotes et coupez-les en deux. Mettez-les dans un mélangeur avec de l'ail pelé, du

galanga et de la citronnelle. Ajouter le curcuma et la samba huilés. Réduisez le tout à la purée fine.

2. Retirez la viande de poulet et coupez-la en cubes. Dans l'huile chaude, remuez la pâte d'épices pendant 1 à 2 minutes jusqu'à ce que l'arôme se développe. Ensuite, faites cuire la viande pendant 5 minutes, en la remuant constamment jusqu'à ce qu'elle soit dorée.

3. Lavez et séchez les feuilles de citron vert et coupez-les finement. Ajouter le lait de coco au contenu du wok. Ajoutez ensuite à la viande le zeste et le jus de citron vert ainsi que la pulpe. À la fin, ajoutez la plupart des feuilles de citron vert.

4. Le tout mijote pendant 15 minutes à une température réduite. Lorsque la viande de poulet est cuite et que la sauce s'est épaissie, le plat est salé. Les feuilles de citron vert restantes servent de garniture.

POULET AU CARAMEL

Valeurs nutritionnelles : 495 kcals, glucides 30 g, lipides 25 g, protéines 35 g

Pour 4 à 6 portions
Temps de préparation: 45 min. + 8-12 h de réfrigération
Difficulté: facile

Ingrédients:
1 kg de cuisses de poulet
100 g de sucre de canne brut
50 g de farine
125 ml d'huile de cuisson
50 ml de vinaigre de riz et 50 ml de vin de riz (ou sherry)
6 gousses d'ail
2 jaunes d'œufs
2 tiges de coriandre
2 cuillères à soupe de gingembre (râpé)
2 cuillères à soupe de sauce soja
2 cuillères à café de curcuma (moulu)
1 c. à thé de sel et 1 c. à thé de poivre
En outre, il est nécessaire
1 grand bol
Film alimentaire

Préparation:

1. Lavez la viande, épongez-la et détachez-la. Le poulet est ensuite coupé en morceaux de la taille d'une bouchée. Pelez les gousses d'ail et écrasez-les. Cassez les œufs et séparez-les. Lavez la coriandre, secouez-la et hachez les feuilles.

2. Mélanger le curcuma, 2 gousses d'ail pressées et le gingembre dans un grand bol. Ajouter la sauce soja et le vin de riz. Incorporer les jaunes d'œufs, saler et poivrer.

Couvrir le bol avec un film alimentaire et laisser reposer toute la nuit au réfrigérateur.

4. Egoutter la marinade dans une passoire et la verser dans un deuxième bol. Saupoudrer la viande de farine et mélanger. Dans le wok chaud, faites dorer les morceaux de poulet en portions dans 1 cuillère à soupe d'huile à feu vif. Réservez la viande retirée chaude.

5. Ajouter le reste de l'huile, du sucre et 4 gousses d'ail au reste de la poêle. Laisser mijoter à feu moyen pendant 1 à 2 minutes jusqu'à ce que le sucre caramélise.

6. Mettez la viande dans le wok, mélangez le tout. Ajouter la majeure partie de la coriandre et du vinaigre. Cuire en remuant pendant 4 minutes, jusqu'à ce que la viande soit cuite. Saupoudrer de coriandre fraîche.

DINDE À LA MANGUE

Valeurs nutritionnelles : 678 kcals, glucides 19 g, lipides 15 g, protéines 116 g

Pour 4 portions
Temps de préparation: 30 min
Difficulté: facile

Ingrédients:

220 g de poireaux
100 g de germes de haricots
150 ml de jus de mangue
4 cuisses de dinde
2 gousses d'ail
1 mangue
2 cuillères à soupe de miel
2 cuillères à soupe de ketchup à la tomate
1 cuillère à soupe d'huile de tournesol
1 cuillère à soupe de vinaigre de vin blanc
1 c. à thé d'amidon

En outre, il est nécessaire
1 était

Préparation:

1. Lavez la viande de dinde, essuyez-la et videz-la. Ensuite, coupez-le en morceaux de la taille d'une bouchée. Pelez l'ail et écrasez-le. Lavez les poireaux, nettoyez-les et coupez-les en tranches.

2. Chauffer l'huile dans le wok préchauffé et cuire les morceaux de volaille à feu vif pendant 10 minutes, en remuant constamment. Ils doivent être dorés à l'extérieur et cuits à l'intérieur.

3. Pelez la mangue, piquez-la et coupez-la en lanières. L'ail, le poireau, les pousses et la mangue sont ensuite placés dans le wok. Cuire pendant 3 minutes en remuant.

4. Dans un bol, mélanger le jus, le vinaigre, le miel et le ketchup, puis dissoudre l'amidon qu'il contient. Mélangez bien le contenu. Ajouter le mélange à la poêle et cuire environ 2 minutes jusqu'à ce qu'il épaississe.

POULET AU CITRON

Valeurs nutritionnelles : 315 kcals, glucides 10 g, lipides 15 g, protéines 30 g

Pour 4 portions
Temps de préparation : 30 min + 30 min marinade
Difficulté: facile

Ingrédients:

500 g de poitrine de poulet
175 ml de bouillon de poulet
1 blanc d'œuf
3 cuillères à soupe d'huile comestible
2 cuillères à soupe de jus de citron
1 1/2 cuillère à soupe de sucre
4 c. à thé de fécule de pomme de terre
2 c. à thé de sauce soja
1 cc de sherry (sec)
1/4 cuillère à café de racine de gingembre (râpée)
1/2 cuillère à café de sel
Râper le zeste d'un citron

En outre, il est nécessaire
1 était

Préparation:

1. Battez légèrement les blancs d'œufs et mélangez-les dans un bol avec la racine de gingembre, le sel et 2 cuillères à café d'amidon. Lavez la viande, essuyez-la

et coupez-la en tranches. Ceux-ci sont placés dans le bol et recouverts de tous les côtés par la marinade. Faire mariner pendant 30 minutes au réfrigérateur.

2. Egoutter les tranches de poulet avec une passoire. Faites tourner l'huile chaude dans le wok et faites cuire la poitrine en remuant jusqu'à ce qu'elle soit cuite. Retirez la poitrine de poulet.

3. Pour la sauce au citron, dissoudre le reste de l'amidon dans 2 cuillères à soupe d'eau. Versez le mélange dans le wok avec tous les ingrédients restants et portez à ébullition. Après 1 minute de cuisson, ajoutez la viande et mélangez-la bien avec la sauce. Garnir la finale de zeste de citron.

POULET SUCRÉ-CHAUD

Valeurs nutritionnelles : 380 kcals, glucides 50 g, lipides 7 g, protéines 30 g

Pour 4 à 6 portions
Temps de préparation: 25 min
Difficulté: facile

Ingrédients:

375 g de nouilles aux œufs chinois
150 g de pois mange-tout
100 g d'épis de maïs (en conserve)
4 cuisses de poulet
1 piment (rouge)
2 c. à soupe de sauce chili (sucrée)
1 cuillère à soupe d'huile comestible
1 cuillère à soupe de jus de citron vert
2 c. à thé de sauce de poisson

En outre, il est nécessaire
1 était

Préparation:

1. Cuire les pâtes selon les instructions sur l'emballage. C'est avec une fourchette qu'ils ventilent le mieux.

2. Lavez et séchez les cuisses et videz-les. Couper la viande en morceaux de la taille d'une bouchée. Mélangez-les dans un bol avec le piment et la sauce de poisson.

3. Mettez le wok à haute température et chauffez l'huile qu'il contient. Cuire les morceaux de poulet là-bas en remuant pendant 3 à 5 minutes. Couper les épis de maïs en deux. Lavez le piment, retirez les graines et coupez-le en lanières.

4. Ajouter le maïs et les pois mange-tout au wok. Après 2 minutes de cuisson, en remuant constamment, ajoutez les nouilles et le jus de citron vert. Garnir le plat de tranches de piment.

MAGRET DE CANARD FRUITÉ

Valeurs nutritionnelles : 693 kcals, glucides 17 g, lipides 52 g, protéines 40 g

Pour 4 portions
Temps de préparation: 45 min
Difficulté: facile

Ingrédients:

250 g de pois mange-tout
100 ml de jus d'orange
50 ml de sauce soja (sucrée)
8 tiges d'asperges (vertes)
2 filets de magret de canard
1 piment (rouge)
2 cuillères à soupe de miel (liquide)
sel + poivre

Préparation:

1. Dans la casserole d'eau salée bouillante, blanchissez les pois mange-tout pendant 2 minutes. Coupez les gousses en deux si nécessaire. Lavez le piment et coupez-le en fines lanières. Lavez la viande, essuyez-la et coupez-la en cubes.

2. Laver et éventuellement peler les asperges. Coupez les extrémités ligneuses de la tige. Ensuite, coupez-les en morceaux plus petits et allongés.

3. Chauffer le wok à feu vif et faire revenir la viande pendant 5 à 6 minutes jusqu'à ce qu'elle soit croustillante. Puis saler et poivrer.

4. Ajouter le miel et cuire brièvement. Mouillez le tout avec le jus, puis avec la sauce. Le plat cuit ensuite pendant 3 à 4 minutes, en remuant constamment.

5. Ajouter les légumes et le piment au contenu du wok. Cuire à feu vif pendant 2 à 3 minutes.

CANARD AUX PRUNES

Valeurs nutritionnelles : 590 kcals, glucides 25 g, lipides 43 g, protéines 2 g

Pour 2 portions
Temps de préparation: 30 min + 2 heures de marinade
Difficulté: facile

Ingrédients:

300 g de filet de magret de canard
250 g de pruneaux
100 ml de bouillon de poulet
1 piment (rouge)
1 morceau de gingembre (environ 1 cm)
3 c. à soupe de sauce soja (clair)
2 cuillères à soupe d'huile
2 cuillères à soupe de miel
1/2 cuillère à café de coriandre (moulue)
Poivre (grossièrement moulu)

Préparation:

1. Lavez la viande, séchez-la et incise la peau en forme de grille. Pelez le gingembre et hachez-le. Mélangez-le avec de la sauce soja, de la coriandre et du poivre. Couvrir le canard et le refroidir pendant 2 heures.

2. Lavez le piment, coupez-le en deux et retirez les graines. Hachez-le et ajoutez-le au bouillon. Lavez les prunes, coupez-les en huit et piquez-les.

3. Eponger la viande. Dans le wok chauffé, chauffer l'huile. Cuire le canard du côté de la peau à feu moyen pendant 8 à 10 minutes. Ensuite, retournez-le et faites cuire encore environ 6 minutes. Retirer et réserver au chaud.

4. Égouttez la graisse de cuisson jusqu'à ce qu'il en reste. Chauffer le miel et les pruneaux qu'il contient. Versez ensuite la marinade et le bouillon. Le tout cuit en 3-5 minutes. Couper le canard en tranches et le garnir de sauce aux prunes.

3.4 POISSONS D'EAU DOUCE ET D'EAU DE MER

Le poisson en tant qu'alternative à la viande n'est pas seulement célébré dans les régions côtières et les lieux de vacances. Riche en acides gras sains et connu pour sa chair riche en protéines, il offre aux gourmets une légèreté impressionnante sur la table. Les différentes préparations aromatiques assurent également une merveilleuse diversité, y compris dans les spécialités de poisson wok énumérées ci-dessous.

MASALA DE MORUE

Valeurs nutritionnelles : 316 kcal, glucides 1 g, lipides 18 g, protéines 40 g

Pour 4 portions
Temps de préparation: 30 min
Difficulté: facile

Ingrédients:

600 g de filet de morue

50 ml de vinaigre de riz et 50 ml d'huile d'olive
3 oignons de printemps
2 courgettes
1 oignon (rouge)
1 cs de garam masala
Sel + Poivre

Préparation:

1. Pelez l'oignon et coupez-le en lanières. Lavez les courgettes et coupez-les en lanières. Lavez les oignons de printemps et coupez-les en tranches. Lavez le poisson, essuyez-le et coupez-le en petits cubes.

2. Chauffer l'huile dans un wok chaud et faire revenir l'oignon pendant 3 minutes. Ajouter les tranches de courgettes, saler et poivrer le tout. Faites cuire les légumes pendant 3 à 4 minutes avant de les retirer.

3. En remuant constamment, le poisson cuit pendant 3 minutes. Il est ensuite salé et poivré.

4. Mettez les légumes dans le wok. Ajouter le garam masala et déglacer avec le vinaigre. Chauffer le plat pendant 2 minutes en remuant doucement. Enfin, saupoudrez les tranches d'oignons de printemps.

CURRY DE POISSON VERT

Valeurs nutritionnelles : 518 kcals, glucides 5 g, lipides 40 g, protéines 36 g

Pour 4 portions
Temps de préparation: 30 min
Difficulté: facile

Ingrédients:

1 kg de flétan (4 tranches)
400 ml de lait de coco (1 boîte)
6 feuilles de kaffir de citronnier
2 poivrons rouges (vert)
1 bouquet de basilic thaïlandais
2 cuillères à soupe de sauce de poisson
2 cuillères à soupe de jus de citron
1-2 c. à soupe de pâte de curry (vert)
Sel

Préparation:

1. Lavez le poisson, essuyez-le et arrosez-le directement de jus de citron. Lavez les poivrons, retirez les graines et hachez-les finement. Lavez les feuilles de citron vert, séchez-les et coupez-les en fines lanières.

2. Dans le wok, mélangez bien la pâte de curry et le lait. Porter à ébullition, en remuant et mélanger avec les tranches de feuilles de citron vert, le piment, la sauce de poisson et 1 cuillère à café de sel. Immergez le poisson et faites-le cuire à couvert pendant environ 10 minutes. Les filets ne prennent que 5 minutes.

Rincez le basilic, secouez-le pour le sécher et hachez grossièrement les feuilles déchirées. Mélangez-les avec du curry et laissez le tout reposer pendant 2 minutes.

SÉBASTE SAMBAL

Valeurs nutritionnelles : 260 kcals glucides 1 g, lipides 17 g, protéines 29 g

Pour 4 portions
Temps de préparation: 25 min
Difficulté: facile

Ingrédients:

600 g de filet de sébaste
100 ml de jus de citron
2 oignons
2 gousses d'ail
2 bandes de zeste de citron
3 cuillères à soupe d'huile d'arachide
2 ccs de sambal oelek
2 cuillères à café de sucre de palme (ou sucre de canne brut)
2 c. à thé de poudre de paprika (doux)
1 c. à thé de pâte de crevettes (séchée)

En outre, il est nécessaire
1 mélangeur sur support

Préparation:

1. Lavez le poisson, essuyez-le et coupez-le en morceaux d'environ 2 cm

2. Pelez l'ail et l'oignon et hachez-les grossièrement. Coupez le zeste de citron en petits morceaux. Dans le

mélangeur, réduisez en purée ces ingrédients, huile de samba, pâte de crevettes et 2 cuillères à soupe d'huile.

3. Chauffer le reste de l'huile dans le wok et faire dorer légèrement la pâte d'épices du mélangeur. Versez ensuite la poudre de paprika, le sucre et le jus de citron. Cuire pendant 2 à 3 minutes en remuant constamment.

4. Ajouter doucement le poisson à la sauce d'assaisonnement dans la poêle. Couvrir et laisser mijoter encore 5 minutes à feu doux.

DAURADE À VAPEUR

Valeurs nutritionnelles : 420 kcal, glucides 1 g, lipides 20 g, protéines 62 g

Pour 4 portions
Temps de préparation: 25 min
Difficulté: facile

Ingrédients:

1,6 kg de daurade (4 pièces)
4 gousses d'ail
4 oignons de printemps
3 poivrons rouges
1 morceau de gingembre (environ 4 cm)
4 cuillères à soupe de bouillon de poulet
4 cuillères à soupe de sauce de poisson
4 cuillères à soupe de jus de citron vert
2 cuillères à soupe d'huile comestible
sel + poivre

Préparation:

1. Lavez le poisson, essuyez-le et incisez-le en diagonale à une distance d'environ 3 cm. Ensuite, assaisonnez la daurade à l'intérieur et à l'extérieur avec du sel, du poivre et du jus de citron vert. Huilez et insérez l'insert de vapeur dans le wok.

2. Pelez le gingembre, les oignons et l'ail et coupez-les en fines lanières. Nettoyez les poivrons, retirez les graines et coupez-les également en fines lanières. Étalez les légumes épicés sur le poisson. Ensuite, arrosez la daurade de sauce de poisson et de bouillon.

3. Faire bouillir 1/2 l d'eau salée dans le wok. Placez le poisson sur le plateau de vapeur et faites cuire à la vapeur pendant 12 à 15 minutes.

BAUDROIE AU GINGEMBRE

Valeurs nutritionnelles : 237 kcal, glucides 1 g, lipides 13 g, protéines 30 g

Pour 4 portions
Temps de préparation: 25 min
Difficulté: facile

Ingrédients:

450 g de lotte
100 g d'asperges vertes
3 oignons de printemps
2 cuillères à soupe de sauce chili
1 c. à soupe de racine de gingembre (fraîchement râpée)
1 c. à soupe d'huile de germe de maïs
1 c. à thé d'huile de sésame

En outre, il est nécessaire
1 était

Préparation:

1. Retirez la peau grise de la lotte. À l'aide d'un couteau tranchant, coupez la chair des deux côtés le long de l'épine dorsale et détachez-la. Ensuite, rincez doucement le poisson, épongez-le et coupez-le en fines tranches.

2. Nettoyez les oignons de printemps et coupez-les en tranches. Nettoyez les asperges, retirez les extrémités et coupez-les en deux ou trois. Dans un bol, mélanger la sauce au gingembre et au chili, puis enrober les morceaux de poisson avec cette sauce.

3. Chauffer l'huile de maïs dans le wok chaud et faire sauter les asperges, le poisson et les oignons de printemps pendant 5 minutes. Enfin, retirez le wok du feu et mélangez bien l'huile de sésame avec le contenu.

MORUE DANS LA MER DE COCO ET BASILIC

Valeurs nutritionnelles : 531 kcals, glucides 44 g, lipides 25 g, protéines 33 g

Pour 4 portions
Temps de préparation: 25 min
Difficulté: facile

Ingrédients:

450 g de filet de morue
200 g de riz parfumé
175 g de tomates cerise
300 ml de lait de coco
20 feuilles de basilic
1 gousse d'ail
4 cuillères à soupe de farine
2 c. à soupe de pâte de curry (rouge)
2 cuillères à soupe d'huile comestible
1 cuillère à soupe de sauce de poisson

En outre, il est nécessaire
2 bols
1 pot

Préparation:

1. Lavez le poisson, essuyez-le et coupez-le en gros cubes. Dans un plat, la morue est ensuite roulée dans la farine. Les cubes de morue sont cuits à feu vif

pendant environ 3 à 4 minutes, en remuant constamment.

2. Lavez le basilic, secouez-le pour le sécher et coupez-le en lanières. Lavez les tomates et coupez-les en deux, pelez l'ail et écrasez-le. Cuire le riz parfumé dans une casserole selon les instructions sur l'emballage.

3. Dans le deuxième bol, mélanger la pâte de curry, l'ail, la sauce de poisson et le lait. Verser la sauce sur le poisson et porter à ébullition.

4. Réduire la température et ajouter les tomates. Bien mélanger le tout et laisser mijoter environ 5 minutes. Ensuite, incorporez le basilic, le poisson ne doit pas être jeté. Servir le plat avec du riz parfumé.

POISSON FRIT

Valeurs nutritionnelles : 418 kcals, glucides 18 g, lipides 26 g, protéines 30 g

Pour 4 portions
Temps de préparation: 35 min
Difficulté: facile

Ingrédients:
600 g de filet de poisson de votre choix
100 g de farine
750 ml d'huile pour la friture
3 œufs
2 gousses d'ail
1 semblait
1 poivre (vert)
1 morceau de gingembre (environ 2 cm)
3 cuillères à soupe de vin de riz
2 c. à soupe de pâte de haricots (épicée)
1 cuillère à soupe de sucre
Sel
En outre, il est nécessaire
2 bols
1 écumeur
Essuie-tout

Préparation:

1. Rincez les filets à l'eau froide et séchez-les. Ensuite, ils sont coupés en morceaux de la taille d'une bouchée. Dans un bol, frottez-les avec du sel et de l'alcool de riz.

2. Cassez les œufs et mélangez-les dans un bol avec la farine et 4 cuillères à soupe d'eau. Assaisonner avec un peu de sel et travailler jusqu'à obtenir une pâte épaisse.

3. Lavez les poivrons, coupez-les en deux et retirez les graines et les peaux. Ensuite, coupez les légumes en diamants. Lavez le poireau, nettoyez-le et coupez-le en fines lanières. Pelez l'ail et le gingembre et coupez-les en bâtonnets.

4. Chauffer l'huile dans le wok. Passez les morceaux de poisson en portions à travers la pâte et faites-les frire pendant 3-4 minutes jusqu'à ce qu'ils soient dorés. Retirer avec un écumeur et laisser égoutter sur du papier absorbant.

5. Videz le wok en laissant une petite pellicule d'huile. Faire revenir le poireau et le poivrer pendant 2 minutes, en remuant constamment. Ajouter le gingembre et l'ail et faire sauter pendant 1 minute.

6. Dans un bol, mélanger 50 ml d'eau, de sucre et de pâte de haricots et les ajouter au wok. Salez le tout et ajoutez le poisson pour le réchauffer.

CÔTELETTES DE POISSON AU PIMENT

Valeurs nutritionnelles : 175 kcals, glucides 9 g, lipides 7 g, protéines 20 g

Pour 4 portions
Temps de préparation: 45 min
Difficulté: facile

Ingrédients:

4 côtelettes de poisson (ferme à cuisiner)
4 tomates
2 oignons
2 cuillères à soupe de sauce de poisson
2 cuillères à soupe de vinaigre de riz
2 c. à soupe de coriandre verte (hachée)
1 cuillère à soupe d'huile comestible
1 cuillère à soupe de samba huilée
1 cuillère à soupe de sucre de canne brut

Préparation:

1. Lavez les tomates, incisez leur peau croisée et arrosez-les d'eau chaude. Ensuite, retirez simplement la peau. Les tomates sont ensuite hachées. Pelez l'oignon et coupez-le en dés.

2. Chauffer le wok et l'huile et faire revenir les oignons coupés en dés pendant 2 minutes à feu moyen. Ils devraient être tendres, mais pas trop dorés. Ajouter les tomates, le sucre et la samba huilés avec 3 cuillères à soupe d'eau. Portez le tout à ébullition, puis réduisez la température. Faire bouillir pendant 20 minutes, jusqu'à ce que la sauce épaississe.

3. Lavez le poisson, essuyez-le et mettez-le dans le wok. Le poisson doit être complètement recouvert de sauce. Couvrir et laisser mijoter pendant 3 à 5 minutes. Ensuite, retournez le poisson et terminez la cuisson.

4. Retirez le poisson et placez-le sur la plaque. Garnir la sauce de sauce de poisson, de vinaigre et de coriandre. Mélangez bien le tout et versez sur le poisson.

ESPADON FRAIS

Valeurs nutritionnelles : 355 kcals, glucides 15 g, lipides 15 g, protéines 35 g

Pour 4 portions
Temps de préparation: 30 min
Difficulté: facile

Ingrédients:

1 kg le baby pack-choir
500 g de steak d'espadon
100 g de champignons shiitake
3 gousses d'ail
1 oignon
3 cuillères à soupe d'huile comestible
2 cuillères à soupe de sauce hoisin
2 cuillères à soupe de vin de riz
2 cuillères à soupe de poivre noir (moulu)
1 cuillère à soupe de sauce aux huîtres
1 cuillère à soupe de sauce soja
1 cuillère à soupe de graines de sésame
1 c. à thé d'huile de sésame

Préparation:

1. Lavez le poisson, essuyez-le doucement et coupez-le en dés. Pelez l'ail et l'oignon et coupez-les en fines tranches. Brossez doucement les champignons et

coupez-les en tranches. Lavez le paquet et coupez les feuilles en morceaux.

2. Roulez l'espadon dans le poivre et retournez-le. Faire griller le sésame dans une poêle sans gras. À l'aide de 2 cuillères à soupe d'huile chauffée, faire revenir les cubes de poisson en portions à feu vif jusqu'à ce qu'ils deviennent translucides. Enfin, retirez-le du wok.

3. Chauffer le reste de l'huile et faire revenir l'ail jusqu'à ce qu'il soit doré. Ajoutez ensuite l'oignon et faites-le dorer jusqu'à ce qu'il soit croustillant. Ajouter les champignons et emballer le chow jusqu'à ce que les légumes soient tendres.

4. Ajouter successivement les différents liquides d'assaisonnement. Mélangez bien le tout. Remettez le poisson au wok et mélangez-le. Enfin, saupoudrer de sésame et arroser d'huile de sésame.

THON MARINÉ AVEC NOUILLES AUX ŒUFS

Valeurs nutritionnelles : 478 kcals, glucides 39 g, lipides 24 g, protéines 29 g

Pour 4 portions
Temps de préparation : 45 min + 2 heures de repos
Difficulté: facile

Ingrédients:
600 g de thon (environ 4 steaks)
200 g de nouilles aux œufs chinois
100 g de germes de soja
8 tiges de coriandre + 4 oignons de printemps
1 poivre (rouge)
4 cuillères à soupe de sauce soja
3 c. à soupe d'huile d'arachide + 2 c. à soupe d'huile de sésame
3 c. à soupe de graines de sésame + 2 c. à soupe de miel
1 pincée de flocons de chili
Sel + poivre
En outre, il est nécessaire
1 était
1 pot
Film alimentaire

Préparation:

1. Rincez soigneusement le thon, épongez-le et coupez-le en dés. Dans un bol, mélanger la marinade avec des ingrédients de sésame, de miel et de sauce

soja. Placez les cubes de poisson dans la marinade salée et poivrée. Couvrir avec un film alimentaire et laisser reposer pendant 2 heures au réfrigérateur.

2. Nettoyez les oignons de printemps et coupez-les en tranches. Lavez les poivrons, coupez-les en deux et retirez les peaux et les graines. Le poivre est ensuite coupé en lanières.

3. Retirez le thon de la marinade. Faire revenir la moitié des cubes de poisson à feu vif pendant 2 à 3 minutes dans 1 cuillère à soupe d'huile, en remuant de temps en temps. Procédez de la même manière avec la deuxième moitié.

4. Préparez les nouilles selon les instructions sur l'emballage et égouttez-les une fois cuites. Dans le wok, faire revenir les rondelles d'oignon, les pousses et les poivrons à feu vif dans le reste de l'huile. Il dure environ 3 minutes en remuant constamment. Ajouter les flocons de chili, saler et poivrer le tout.

5. Ajouter les nouilles et verser la marinade en mélangeant bien avec le contenu précédent. Après avoir cuit le plat pendant encore 2 minutes, les cubes de poisson sont ajoutés et chauffés pendant quelques minutes dans le wok.

6. Lavez la coriandre, secouez-la pour la sécher et hachez finement les feuilles. Ceci est utilisé pour garnir et assaisonner le plat.

POISSON CROUSTILLANT

Valeurs nutritionnelles : 564 kcals, glucides 18 g, lipides 37 g, protéines 41 g

Pour 4 portions
Temps de préparation : 1 h + 15 min
Difficulté: facile

Ingrédients:
250 g de chacun : filet de saumon + filet de morue + thon (frais)
20 tiges de coriandre + 1/4 de bulbe de céleri
3 carottes + 2 courgettes
2 échalotes + 1 gousse d'ail
2 œufs
6 c. à soupe d'huile d'arachide + 1 c. à soupe d'huile de sésame
5 c. à soupe de farine + 4 c. à soupe de chapelure
3 cuillères à soupe de parmesan (râpé) + 3 cuillères à soupe d'amandes (moulues)
2 c. à soupe de sauce soja + 1 c. à soupe de miel
1 c. à thé de poudre de curry + 1/2 c. à thé de coriandre (moulue)
Sel + poivre
En outre, il est nécessaire
3 assiettes creuses + 1 coupe-légumes
Essuie-tout

Préparation:

1. Pelez le céleri et les carottes. Lavez les courgettes et retirez leurs extrémités. Couper les légumes en lanières. Pelez les échalotes et coupez-les en tranches, pelez l'ail et hachez-le.

2. Versez la farine dans la première assiette. Cassez les œufs et battez-les sur la deuxième assiette. Dans la troisième assiette, mélanger le fromage, les amandes et la chapelure, puis ajouter la coriandre finement hachée, le chili et la coriandre moulue et bien mélanger le tout.

3. Couper le poisson en cubes, saler et poivrer. Passez les filets à travers la farine, puis tapotez-les. Placez le poisson des deux côtés dans l'œuf. Passez le poisson à travers la chapelure.

4. Chauffer 2 cuillères à soupe d'huile d'arachide dans le wok chaud. Les cubes de poisson sont dorés en portions pendant 3 minutes à feu vif, en les retournant de temps en temps. Il est nécessaire d'ajouter jusqu'à 3 cuillères à soupe d'huile d'arachide. À la fin, les morsures de poisson s'égouttent sur du papier absorbant.

5. Retirez l'huile du wok. Mélanger l'huile de sésame avec le reste de l'huile d'arachide. Faire revenir les échalotes et l'ail pendant 2 minutes à haute température, en remuant constamment. Ajouter les tranches de légumes, saler et poivrer et cuire pendant 3 minutes.

6. Versez le miel et la sauce soja et faites cuire le contenu pendant encore 3 minutes. Réduisez la température et déposez les cubes de poisson. Chauffer pendant 3 minutes avant de servir.

CURRY DE POISSON MALAIS

Valeurs nutritionnelles : 382 kcals, glucides 7 g, lipides 30 g, protéines 22 g

Pour 4 portions
Temps de préparation: 1 heure
Difficulté: facile

Ingrédients:
350 g de filet de poisson
250 ml de lait de coco
60 ml d'huile de cuisson
4-6 poivrons rouges
4 gousses d'ail
3 tiges de citronnelle
2 tomates
1 oignon
1 morceau de gingembre (environ 5 cm)
1 c. à soupe de mélange de curry de poisson (épicerie asiatique ou curry jaune)
1 c. à soupe de pâte de tamarin
1 cuillère à soupe de Ketjap Manis
1 cuillère à soupe de jus de citron
2 c. à thé de pâte de crevettes
En outre, il est nécessaire
1 mélangeur sur support
1 était

Préparation:

1. Lavez les poivrons, retirez les graines et hachez-les finement. Ouvrez 2 gousses au sommet de la tige pour former une fleur qui servira plus tard de

garniture. Appuyez sur l'ail. Pelez l'oignon et coupez-le en dés. Lavez la citronnelle, coupez seulement la partie claire en tranches. Pelez le gingembre et coupez-le en tranches.

2. Dans le mélangeur, réduire en purée la pâte de crevettes avec les ingrédients préparés à l'étape 1. Ensuite, ajoutez 2 cuillères à soupe d'huile et mélangez le tout dans le bol jusqu'à obtenir une pâte lisse.

3. Chauffer le reste de l'huile dans le wok. Faire revenir la pâte de l'étape 2 à basse température pendant 3-4 minutes. Ajouter le curry et faire sauter encore 2 minutes. Ajoutez ensuite le ketjap, la pâte de tamarin, le lait et 250 ml d'eau. Porter à ébullition et laisser mijoter à feu doux pendant 10 minutes.

4. Lavez le poisson, essuyez-le et coupez-le en morceaux. Lavez les tomates, coupez-les en deux et retirez le pédoncule pour faire des dés. Ajouter le poisson, les tomates en dés et le jus de citron au contenu du wok. Laisser mijoter le plat pendant environ 10 minutes et le décorer avec des fleurs de piment.

POISSON À LA TOMATE

Valeurs nutritionnelles : 265 kcals, glucides 17 g, lipides 10 g, protéines 28 g

Pour les portions
Temps de préparation: 235 min
Difficulté: facile

Ingrédients:

370 g de tomates (passé)
250 g de filet de merlu
4 oignons de printemps
2 gousses d'ail
1 blanc d'œuf
1 morceau de gingembre (environ 2 cm)
2 cuillères à soupe d'huile
2 cuillères à soupe de pâte de haricots chili
1 cuillère à soupe de vinaigre de riz
1 c. à thé d'amidon
1 c. à thé de concentré de tomate
1 cuillère à café de cassonade
Sel

Préparation:

1. Lavez le Colin, essuyez-le et coupez-le en morceaux de 4 cm. Mélanger l'amidon et le blanc d'œuf dans 1 cuillère à soupe d'eau. Tournez le poisson dedans.

2. Lavez les oignons de printemps et coupez-les en tranches. Réservez la partie verte. Pelez le gingembre et l'ail et hachez-les finement.

3. Une fois le wok chauffé, chauffez l'huile. Le poisson y cuit pendant environ 2 à 3 minutes avant d'être retiré.

4. Faire sauter brièvement les morceaux d'ail et de gingembre et les rondelles d'oignon. Ajoutez ensuite le reste des ingrédients. Cuire cette sauce pendant 6 à 8 minutes avant de retourner le poisson. Salez le plat et saupoudrez-le d'rondelles d'oignon vert.

BANANE ET NOIX DE COCO

Valeurs nutritionnelles : 370 kcals, glucides 22 g, lipides 17 g, protéines 31 g

Pour 2 portions
Temps de préparation: 25 min
Difficulté: facile

Ingrédients:

300 g de filet de merlu
200 ml de lait de coco
6-8 tomates cerise
4 feuilles de citron vert
1 banane (grande + ferme)
Jus d'un citron vert
1 cuillère à soupe de sauce de poisson
1 c. à thé de pâte de curry thaïlandais (jaune)
1 cuillère à café de cassonade
1/2 cuillère à café de curcuma en poudre

Préparation:

1. Lavez le poisson, séchez-le et coupez-le en morceaux de 3 cm. Pelez la banane et coupez-la en tranches de 1 cm d'épaisseur. Frottez les deux ingrédients avec la moitié du jus de citron vert.

2. Lavez les tomates, coupez-les en deux et retirez les pédoncules. Lavez les feuilles de citron vert et coupez-les en fines lanières. Retirez la côte dure.

3. Chauffer le wok et ajouter la crème de noix de coco solide. Laisser mijoter en remuant pendant 3 à 5 minutes, jusqu'à ce que la couche d'huile se dépose. Ajoutez ensuite la pâte de curry et faites sauter pendant 1 minute, en remuant constamment.

4. Mélanger le lait, le curcuma, les tranches de feuilles de citron vert et la sauce. Ajouter les autres ingrédients déjà préparés au wok. Le tout cuit à couvert à basse température pendant 5 minutes. Assaisonner individuellement avec le reste du jus de citron vert ainsi que le sucre.

3.5 CREVETTES ET FRUITS DE MER

Ce sont les particularités des mers et de véritables fournisseurs de protéines - mais malheureusement souvent trop peu représentatifs sur notre table. C'est surtout en les combinant les uns avec les autres que nous obtenons des combinaisons de saveurs à couper le souffle en mangeant des fruits de mer. La légèreté et l'effet rafraîchissant de l'eau peuvent littéralement être apportés à la table grâce à eux. C'est pourquoi ils ne devraient pas manquer dans le portefeuille de plats préparés dans le wok.

SOUPE DE NOUILLES ET DE CHAIR DE CRABE

Valeurs nutritionnelles : 360 kcals, glucides 44 g, lipides 9 g, protéines 25 g

Pour 4 portions
Temps de préparation: 25 min
Difficulté: facile

Ingrédients:
400 g de chair d'écrevisse blanche (en conserve)

225 g de carotte
175 g de pâtes aux œufs
150 g de maïs (en conserve) + 75 g de pois
1 3/4 l de bouillon de poisson
6 oignons de printemps
1 piment (rouge)
3 cuillères à soupe de sauce soja
1 cuillère à soupe d'huile de tournesol
1 c. à thé de poudre de cinq épices
En outre, il est nécessaire
1 passoire

Préparation:

1. Nettoyez les oignons et coupez-les en tranches. Nettoyez le piment, retirez les graines et hachez-le finement. Pelez les carottes et réduisez-les en bâtonnets. Égoutter le maïs dans une passoire.

2. Chauffer l'huile dans le wok. Faire revenir le mélange d'épices et tous les ingrédients traités à l'étape 1 pendant 5 minutes, en remuant constamment. Ajouter la chair de crabe et cuire pendant 1 minute.

3. Cassez les nouilles aux œufs en gros morceaux et ajoutez-les au contenu du wok. Versez ensuite la sauce de poisson et le bouillon. Porter le tout à ébullition, puis couvrir et laisser mijoter pendant 5 minutes.

OMELETTE AUX CREVETTES

Valeurs nutritionnelles : 220 kcals, glucides 3 g, lipides 10 g, protéines 30 g

Pour 2 à 4 portions
Temps de préparation: 30 min
Difficulté: facile

Ingrédients:

500 g de crevettes (crues)
4 œufs
3 oignons de printemps
3 gousses d'ail
2 tiges de citronnelle
2 racines de coriandre
2 cuillères à soupe d'huile comestible
1 1/2 cuillère à soupe de sauce de poisson
2 cuillères à café de piment chili (haché)
2 cuillères à café de sucre de canne brut
1/2 cuillère à café de poivre noir
Un peu de sauce chili

En outre, il est nécessaire
1 était

Préparation:

1. Pelez l'ail et pressez-le. Nettoyez la citronnelle et ne hachez que la partie claire. Peler et hacher finement les racines de coriandre. Nettoyez les oignons de

printemps, hachez-en 3 finement et coupez-en 1 en tranches.

2. Chauffer la moitié de l'huile dans le wok. Faire revenir l'ail, la racine de coriandre et la citronnelle avec les poivrons pendant 30 secondes. Ajoutez ensuite les crevettes et faites-les cuire jusqu'à ce qu'elles deviennent légèrement rouges.

3. Ajouter les oignons de printemps hachés, 1 cuillère à soupe de sauce de poisson, le sucre et le poivre. Mélangez le tout, retirez un peu de wok et réservez.

4. Casser les œufs et les battre dans un bol avec 2 cuillères à soupe d'eau et le reste de la sauce de poisson

Conseil: Dans 2-4 portions, prenez l'œuf dans le reste de l'huile. Au fur et à mesure qu'ils tournent, les composants liquides se distribuent et se solidifient. Laissez l'omelette brunir en la persillant légèrement.

5. Disposer quelques crevettes au centre de l'omelette. Pliez les bords de l'omelette vers l'intérieur pour former un carré. Faites glisser le wok sur l'assiette. Ajouter le reste des crevettes sur le dessus. Arroser le plat de sauce chili.

CRABE À LA TOMATE ÉPICÉ

Valeurs nutritionnelles : 269 kcals, glucides 11 g, lipides 12 g, protéines 30 g

Pour 4 portions
Temps de préparation: 35 min
Difficulté: facile

Ingrédients:

450 g de crevettes (prêtes à cuire)
450 g de tomates (en conserve)
2 gousses d'ail
1 oignon
2 c. à soupe d'huile de germe de maïs
1 cuillère à soupe de pesto (rouge)
1 cuillère à soupe de cassonade
1 cuillère à soupe de basilic (haché)
1 c. à thé de graines de cumin
Sel + poivre

En outre, il est nécessaire
1 passoire
1 était

Préparation:

1. Pelez l'oignon et hachez-le finement. Pelez l'ail et écrasez-le. Égoutter les tomates en conserve dans une passoire et recueillir la sauce dans un bol. Hachez

ensuite les légumes-fruits. Lavez et séchez les crevettes.

2. Chauffer l'huile dans le wok et faire revenir l'ail et l'oignon pendant 2 à 3 minutes. Ajoutez ensuite le cumin, remuez et continuez la cuisson pendant 1 minute.

3. Ajouter successivement les tomates, le sucre et le pesto au wok. Compléter avec de la sauce tomate et porter tout le contenu à ébullition. Laisser mijoter à température réduite pendant 10 minutes.

4. A la fin, ajouter les crevettes et le basilic. Salez et poivrez le plat et faites-le cuire à haute température pendant 1 à 2 minutes, jusqu'à ce que les crevettes soient cuites.

PÉTONCLES INDIENS

Valeurs nutritionnelles : 216 kcals, glucides 6 g, lipides 12 g, protéines 22 g

Pour 4 portions
Temps de préparation: 30 min + 1-12 h marinade
Difficulté: facile

Ingrédients:

750 g de pétoncles
3 tomates
2 oignons
2 poivrons rouges (vert)
1 gousse d'ail
1 morceau de gingembre (environ 2,5 cm)
Râper le zeste d'un citron
1/2 chaux
3 cuillères à soupe de jus de citron
3 cuillères à soupe de coriandre (hachée)
2 cuillères à soupe d'huile comestible
1/2 cuillère à café de cumin (moulu)
1/2 cuillère à café de sel
1/4 cuillère à café de poivre noir

En outre, il est nécessaire
1 râpe
1 était

Préparation:

1. Détachez les pétoncles si nécessaire, lavez-les et épongez-les. Lavez les tomates, coupez-les en deux et

pressez-les. Ensuite, coupez-les en quatre. Lavez la chaux à l'eau chaude, essuyez-la et coupez-la en deux.

2. Peler et hacher l'oignon. Pelez l'ail et écrasez-le. Lavez les poivrons, retirez les graines et coupez-les en tranches. Pelez le gingembre et râpez-le.

3. Dans un grand bol, mélanger la coriandre, le gingembre et le jus de citron. Ajouter le zeste, le sel, le poivre et le cumin. Ajouter l'ail à la fin et bien mélanger le tout.

4. Mettre les moules dans la marinade, couvrir et mariner pendant au moins 1 heure au réfrigérateur. Pour un arôme beaucoup plus prononcé, laisser mariner toute la nuit.

5. Chauffer l'huile dans le wok chaud et faire revenir les oignons pendant environ 2 minutes jusqu'à ce qu'ils deviennent transparents. Ajoutez ensuite les tomates et le piment et faites sauter pendant environ 1 minute. Ajoutez ensuite les pétoncles pendant 6 A 8 minutes. Remuez régulièrement! À la fin, garnir de quartiers de citron vert.

BÉBÉ POULPE

Valeurs nutritionnelles : 175 kcals, glucides 8 g, lipides 6 g, protéines 25 g

Pour 4 portions
Temps de préparation: 45 min + 8-12 h marinade
Difficulté: facile

Ingrédients:

50 g de fissures en emballage
500 g de poulpe bébé
400 g de somme Choi
4 gousses d'ail
2 poivrons rouges
2 tiges de citronnelle
1 tige de coriandre
1 oignon
3 cuillères à soupe d'huile comestible
2 cuillères à soupe de jus de citron vert
3 c. à thé de racine de gingembre (râpée)

En outre, il est nécessaire
1 était

Préparation:

1. Lavez et séchez la coriandre. Peler 2 gousses d'ail. Lavez le piment et retirez les graines. Hachez les trois ingrédients. Lavez la citronnelle, ne hachez que les parties claires.

2. Retirez les têtes de la pieuvre. Découpez les yeux et séparez les têtes pour extraire les intestins. Retirez la bouche en le tenant fermement. Laver à l'eau courante, puis sécher et couper les têtes en trois morceaux.

3. Dans un bol, mélanger le poulpe, la coriandre et l'ail. Ajouter le piment, 2 cuillères à café de gingembre et de citronnelle. Ajouter 1 cuillère à soupe d'huile de cuisson et de jus de citron vert. Couvrir le bébé poulpe et laisser mariner pendant la nuit, au moins 2 heures.

4. Chauffer le wok avec 1 c. à soupe d'huile. Mettez les légumes dans la poêle spéciale et faites-les cuire étouffés avec 1 cuillère à soupe d'eau, jusqu'à ce qu'ils soient tendres. Ensuite, disposez les légumes sur l'assiette de présentation.

5. Chauffer le reste de l'huile avec les 2 gousses d'ails pressés restantes et la dernière cuillère à café de gingembre. Après environ 30 secondes, les pieuvres y sont cuites à feu vif pendant 8 minutes. Enfin, mettez-les sur le lit de légumes

MIRIN FRUITS DE MER

Valeurs nutritionnelles : 210 kcals, glucides 2 g, lipides 9 g, protéines 30 g

Pour 4 à 6 portions
Temps de préparation: 40 min
Difficulté: facile

Ingrédients:
350 g de crevettes (crues)
250 g de filet de poisson (ferme cuite + blanc)
250 g de pétoncles
200 g d'apaisement
6 oignons de printemps
3 gousses d'ail
1 oignon
1 poivre (vert)
4 cuillères à soupe d'huile comestible
2 c. à soupe de racine de gingembre (râpée)
2 cuillères à soupe de mirin
Sel + poivre

Préparation:

1. Lavez les fruits de mer et épongez-les. Décortiquez les crevettes, retirez les filaments intestinaux avec un couteau tranchant, mais laissez les queues intactes. Coupez le poisson en lanières et les tubes de calmar en anneaux.

2. Nettoyez les oignons de printemps, coupez 5 en diagonale en lanières, coupez 1 finement. Lavez le poivre, coupez-le en deux et débarrassez-le de ses graines et de sa peau. Coupez-le en lanières. Pelez l'ail et pressez-le. Pelez les oignons et coupez-les en tranches.

3. Chauffer 2 cuillères à soupe d'huile dans le wok et cuire les anneaux de crevettes et de calmars à feu vif, en les remuant en portions. Lorsque les crevettes deviennent roses et que les morceaux de calmar deviennent opaques, retirez tout du wok.

4. Faire revenir les pétoncles et les filets de poisson dans une autre cuillère à soupe d'huile de cuisson jusqu'à ce qu'ils soient translucides. Retirez-les également du wok.

5. Faire revenir l'oignon à feu moyen pendant 3-4 minutes dans le reste de l'huile. Ajouter le gingembre, le paprika, l'ail et les oignons de printemps. Cuire à feu vif en remuant pendant 3 à 4 minutes.

6. Ajouter le mirin, le sel et le poivre au wok. Ajouter tous les fruits de mer et bien mélanger le tout. Porter le tout à ébullition et garnir avec les oignons de printemps coupés.

CREVETTES TERIYAKI RÔTIES

Valeurs nutritionnelles : 252 kcals, glucides 6 g, lipides 10 g, protéines 36 g

Pour 4 portions
Temps de préparation: 35 min
Difficulté: facile

Ingrédients:

700 g de crevettes (crues)
4 oignons de printemps
1 gousse d'ail
1 morceau de gingembre (environ 2 cm)
5 cuillères à soupe de sauce soja
5 cuillères à soupe de mirin (vin de riz doux)
4 cuillères à soupe de saké cuit
2 cuillères à soupe d'huile d'arachide
1 cuillère à soupe de sucre
Sel + poivre

En outre, il est nécessaire
1 était
1 râpe

Préparation:

1. Pour la sauce t'érayai, mélanger la sauce soja Mirin, le sucre et le saké dans un bol. Mettez tout cela de côté.

2. Décortiquez les crevettes et retirez l'enveloppe avec un couteau tranchant. Nettoyez les oignons de printemps et coupez-les en tranches. Peler et râper finement le gingembre et peler finement et hacher l'ail.

3. Chauffer le gingembre, les rondelles d'oignon et l'ail avec l'huile dans le wok. Quand il fait chaud, ajoutez immédiatement les crevettes pendant 3 minutes. Saler et poivrer.

4. Versez la sauce teriyaki de l'étape 1 et portez le tout à ébullition. Laisser mijoter à feu doux pendant encore 5 minutes. Enfin, salez et poivrez à volonté et servez avec du riz ou des nouilles.

PÉTONCLES À LA SAUCE AUX HARICOTS NOIRS

Valeurs nutritionnelles : 220 kcals, glucides 7 g, lipides 15 g, protéines 15 g

Pour 4 à 6 portions
Temps de préparation: 30 min
Difficulté: facile

Ingrédients:

600 g de pétoncles (corail enlevé)
60 g de haricots noirs (salés)
75 ml d'huile d'arachide
4 oignons de printemps
2 gousses d'ail
2 cuillères à soupe d'amidon
2 cuillères à soupe de vin de riz chinois
1 c. à soupe de vinaigre de riz
1 cuillère à soupe de sauce soja
1 cuillère à café de sucre de canne brut
1 cuillère à café de racine de gingembre (hachée)
1/2 cuillère à café d'huile de sésame

Préparation:

1. Nettoyez les oignons de printemps, coupez-en 3 en petits morceaux et hachez finement les derniers. Peler et écraser l'ail. Rincez les haricots et coupez-les en gros morceaux.

2. Tournez les pétoncles de tous les côtés dans l'amidon. Dans 1 cuillère à café d'huile d'arachide chaude, faire revenir les oignons de printemps pendant 30 secondes. Retirez ensuite du wok.

3. Faire revenir les pétoncles dans 1 cuillère à soupe d'huile pendant 1 à 2 minutes, jusqu'à ce qu'ils soient dorés. Réservez les pétoncles ainsi que le liquide.

4. Faire revenir l'ail, le gingembre et les haricots dans une autre cuillère à soupe d'huile d'arachide. Ajouter l'alcool de riz, le vinaigre, la sauce soja et le sucre. Faire revenir pendant 1 minute, en remuant constamment. Porter la sauce à ébullition et la laisser épaissir légèrement.

5. Ajouter les moules à la sauce pendant 1 minute. Mélanger avec l'huile de sésame et les oignons de printemps. Saupoudrer ensuite d'oignons de printemps hachés.

FRUITS DE MER AU CHILI ET AUX PRUNES

Valeurs nutritionnelles : 385 kcals, glucides 20 g, lipides 4 g, protéines 65 g

Pour 4 portions
Temps de préparation: 45 min
Difficulté: facile

Ingrédients:

1 kg d'épinards
500 g de crevettes (crues)
400 g de pétoncles
150 g d'apaisement
125 ml de jus de prune
3 oignons de printemps
2 gousses d'ail
2 poivrons rouges
2 cuillères à soupe d'huile comestible
2 c. à thé de jus de citron vert
1 cuillère à café de sucre de canne brut

Préparation:

1. Décortiquez les crevettes et retirez le boyau avec un couteau. Nettoyez les pétoncles et coupez les tubes de calmar en anneaux. Nettoyez les oignons de printemps et coupez-les en tranches. Pelez l'ail et

écrasez-le. Lavez le piment, retirez les graines et hachez-le finement.

2. Lavez les épinards et ne les séchez pas. Ainsi, lorsqu'ils sont saisis dans un wok fortement chauffé, ils ne collent pas. Lorsque les épinards s'affaissent, ils sont disposés dans l'assiette.

3. Faire revenir les calmars, les pétoncles et les crevettes à haute température dans 1 cuillère à soupe d'huile. Lorsqu'ils perdent leur transparence, ils sont retirés du wok.

4. Faire revenir les poivrons et l'ail pendant 1 à 3 minutes avec le reste de l'huile. Ajouter le sucre et les deux jus de fruits. Porter à ébullition, puis laisser mijoter à température réduite pendant 4 à 5 minutes.

5. Lorsque la sauce épaissit, ajoutez les fruits de mer. Incorporer les morceaux d'oignon de printemps et bien mélanger avec la sauce. Disposer le contenu du wok sur les épinards.

CALMAR BALINAIS

Valeurs nutritionnelles : 295 kcals, glucides 3 g, lipides 15 g, protéines 35 g

Pour 4 portions
Temps de préparation: 45 min
Difficulté: facile

Ingrédients:
750 g d'apaisement
250 ml de bouillon de poulet
60 ml de jus de citron vert
6 oignons de printemps + 5 feuilles de basilic thaïlandais
3 poivrons rouges + 2 gousses d'ail
1 tomate
1 tige de citronnelle
1 morceau de gingembre + 1 morceau de racine de curcuma (environ 2 cm + haché)
3 cuillères à soupe d'huile comestible
1 c. à soupe de purée de tamarin + 1 c. à thé de pâte de crevettes
2 c. à thé de graines de coriandre
En outre, il est nécessaire
1 était
1 mélangeur sur support

Préparation:

1. Lavez le calmar, séchez-le et faites une incision en forme de diamant sur la face inférieure. Coupez-le en morceaux, arrosez-le de jus de citron vert et salez-le dans le bol.

2. Lavez les poivrons, retirez les graines, coupez-en une en tranches et hachez-en deux. Nettoyez les oignons de printemps, coupez-en une moitié en tranches, hachez l'autre. Nettoyez la citronnelle et coupez les parties lumineuses en anneaux. Lavez la tomate, coupez-la en croix et arrosez-la d'eau chaude. Pelez la peau de la tomate et coupez la chair en dés.

3. Pour le mélange d'épices, mettez le poivre de printemps haché et les oignons dans le mélangeur. Ajoutez ensuite l'ail, le gingembre et le curcuma. Les graines de coriandre, la pâte de crevettes et les dés de tomates sont également mélangés.

4. Cuire le calmar ainsi que le reste du chili printanier et des oignons dans 2 cuillères à soupe d'huile pendant environ 2 minutes. Les calmars ne doivent pas être cuits trop longtemps, sinon ils deviennent durs. Videz le wok.

5. Chauffer le reste de l'huile dans le wok et faire sauter le reste des ingrédients et la pâte du mélangeur à température moyenne pendant environ 5 minutes, en remuant constamment.

6. Remettre le calmar dans le wok et compléter avec le bouillon. Ajouter les feuilles de basilic coupées en petits morceaux ainsi que le poivre. Porter à ébullition, puis laisser mijoter à feu doux pendant 2 minutes.

CREVETTES EXOTIQUES

Valeurs nutritionnelles : 340 kcals, glucides 5 g, lipides 23 g, protéines 28 g

Pour 4 portions
Temps de préparation: 40 min
Difficulté: facile

Ingrédients:
500 g de crevettes (prêtes à cuire)
400 g de chou chinois
150 ml de lait de coco
50 ml d'huile d'olive
1 courgette (jaune)
1/2 grenade
2 c. à soupe de pâte de curry (rouge)
Sel + poivre

Préparation:

1. Lavez le chou, séchez-le et coupez les feuilles en lanières. Lavez les courgettes et faites de petits bâtonnets.

2. Chauffer le wok et l'huile à feu vif. Les légumes y sont saisis pendant 3-4 minutes. Les légumes sont salés et poivrés, puis retirés du wok et mis de côté.

3. Faire revenir les crevettes dans le wok pendant 3 minutes. Ajoutez ensuite le lait et la pâte de curry. Tout mijote pendant 3 minutes.

4. Ajoutez ensuite les légumes et chauffez-les en 2 minutes, en remuant constamment. Éventuellement diviser à nouveau la grenade et enlever les différentes graines. Saupoudrer les graines avec 1/2 grenade fraîche sur le plat.

CHAIR DE CRABE MATCHA

Valeurs nutritionnelles : 501 kcals, glucides 47 g, lipides 27 g, protéines 26 g

Pour 4 portions
Temps de préparation: 30 min
Difficulté: facile

Ingrédients:
400 g de chair d'écrevisse (fraîche ou congelée)
200 g de nouilles chinoises
80 g de noix de cajou
50 ml d'huile d'olive
2 poivrons (jaunes)
1 oignon
1 cuillère à soupe de poudre de matcha
Sel + poivre

Préparation:

1. Cuire les pâtes selon les instructions sur l'emballage. Lavez les poivrons, coupez-les en deux et débarrassez-vous des graines et des peaux. Coupez-les en lanières. Pelez les oignons et coupez-les en tranches. Hachez les noix de cajou.

2. Chauffer le wok et l'huile à feu moyen. Les oignons et les poivrons y mijotent pendant environ 5 minutes. Saler, poivrer et réserver.

3. Faire revenir la chair de crabe et les noix de cajou à feu vif pendant 3 minutes. Ajouter la poudre de matcha et faire sauter pendant 1 minute, en remuant constamment.

4. Ajoutez les légumes et les nouilles au wok et mélangez le tout. Chauffer pendant 2 à 3 minutes avant de servir.

POULPE ÉPICÉ

Valeurs nutritionnelles : 205 kcals, glucides 9 g, lipides 9 g, protéines 17 g

Pour 2 portions
Temps de préparation: 20 min
Difficulté: facile

Ingrédients:

200 g d'apaisement
1 poivre (rouge)
1 poivre (vert)
1 gousse d'ail
1 morceau de gingembre (environ 2 cm)
2 CUILLÈRES À SOUPE D'HUILE
2 cuillères à soupe de vin de riz
1 1/2 cuillère à soupe de pâte de haricots noirs
Sel

Préparation:

1. Lavez le calmar, coupez-le en deux et nettoyez l'intérieur. Ensuite, incisez la peau en une croix et coupez la chair en morceaux de la taille d'une bouchée. Versez de l'eau bouillante sur le calmar. Égoutter après une minute. Les pièces doivent rouler en boule.

2. Lavez les poivrons, nettoyez-les et coupez-les en deux. Retirez les graines et la peau, puis coupez-les en petits dés. Pelez le gingembre et l'ail et hachez-les finement.

3. Chauffer l'huile dans le wok et faire revenir les poivrons pendant 3 minutes en remuant constamment. Ajouter le gingembre, l'ail et le calmar. Saler et cuire pendant 2 minutes en remuant constamment.

4. Ajouter la pâte de haricots, le vin et 2 cuillères à soupe d'eau. Tout est imprégné en environ 2 minutes.

CREVETTES ENROBÉES

Valeurs nutritionnelles : 339 kcals, glucides 23 g, lipides 18 g, protéines 23 g

Pour 4 à 6 portions
Temps de préparation : 1 h + 1 h de repos
Difficulté: moyenne

Ingrédients:

750 ml d'huile (pour la friture)
150 g de farine
24 crevettes (crues)
1 œuf
1 sachet de levure chimique
2 cuillères à soupe de sauce soja
1 c. à thé d'huile de sésame
2 pincées de gingembre (moulu)
Sel + poivre

En outre, il est nécessaire de
2 bols
1 fouet
1 écumeur
Essuie-tout

Préparation:

1. Lavez les crevettes, décortiquez-les à l'exception du ventilateur à la queue et retirez l'intestin avec un couteau tranchant. Dans le bol, mélanger l'huile de

sésame, la sauce soja et le gingembre. Mettez les crevettes dans la marinade et laissez-les reposer pendant 30 minutes au réfrigérateur.

2. Dans le deuxième bol, battre l'œuf battu avec du sel et du poivre. Ensuite, de la farine, de la poudre à pâte et 80 ml d'eau sont ajoutés. Travailler le mélange avec un fouet jusqu'à l'obtention d'une pâte lisse. La pâte doit ensuite être laissée au repos pendant 30 minutes.

3. Chauffer l'huile pour la friture dans le wok au niveau moyen. Il devrait être chaud à environ 160 degrés Celsius - lorsque des bulles se forment sur la cuillère en bois qui y est immergée, c'est le moment. Bien mélanger la pâte. Retirez les crevettes de la marinade et épongez-les.

4. En le tenant par la queue, ils sont ensuite immergés dans la pâte et placés dans le wok. Les fruits de mer sont frits pendant 4 à 5 minutes. Lorsqu'ils sont dorés et que la pâte a un peu gonflé, ils peuvent être retirés du wok à l'aide d'une écumoire. Avant de servir, égoutter sur du papier absorbant et les accompagner d'une sauce aigre-douce.

SOUPE D'ÉCREVISSES À LA NOIX DE COCO

Valeurs nutritionnelles : 631 kcals, glucides 13 g, lipides 53 g, protéines 26 g

Pour 4 portions
Temps de préparation: 20 min
Difficulté: facile

Ingrédients:

450 g de chair d'écrevisse blanche (en conserve)
600 ml de lait de coco
600 ml de bouillon de poisson
3 oignons de printemps
1 poivre (rouge)
2 cuillères à soupe de sauce de poisson
2 c. à soupe de pâte de curry (rouge)
2 cuillères à soupe de coriandre (hachée)
1 cuillère à soupe d'huile d'arachide

En outre, il est nécessaire
1 passoire

Préparation:

1. Lavez le poivre, coupez-le en deux et débarrassez-le de ses graines et de sa peau. Ensuite, coupez-le en lanières. Nettoyez les oignons de printemps et

coupez-les en tranches. Égoutter la chair de l'écrevisse dans une passoire.

2. Chauffer l'huile dans le wok et faire revenir la pâte de curry avec le paprika pendant 1 minute. Versez ensuite le bouillon et le lait. Ajouter la sauce de poisson et porter le tout à ébullition.

3. Puis ajouter la chair de crabe. Incorporer la coriandre et les oignons de printemps. Mélangez bien le tout et faites cuire pendant environ 2-3 minutes.

CREVETTES AU CHOU ET À LA NOIX DE COCO

Valeurs nutritionnelles : 400 kcals, glucides 20 g, lipides 26 g, protéines 21 g

Pour 2 portions
Temps de préparation: 25 min
Difficulté: facile

Ingrédients:

300 g de chou blanc
180 g de crevettes (prêtes à cuire)
50 g de noix de coco râpée
1 oignon
2 cuillères à soupe d'huile
1 cuillère à café de Panch Phoran (mélange d'épices)
1 pointe de poudre de couteau à chili
1 pointe de couteau à curcuma
Sel

Préparation:

1. Nettoyez le chou, retirez le noyau et coupez-le en fines lanières. Pelez l'oignon et coupez-le en petits dés.

2. Après avoir chauffé le wok, chauffez l'huile. Faire revenir l'oignon jusqu'à ce qu'il devienne brun clair.

Ajoutez ensuite le mélange d'épices et faites-le sauter pendant 30 secondes.

3. Ajoutez ensuite le chou et le reste des épices en poudre. Faire sauter pendant 2 minutes en remuant constamment. La poêle est ensuite bien salée.

4. Ajouter la noix de coco râpée et environ 100 ml d'eau. Couvrir et cuire à feu doux pendant environ 12 minutes.

5. Enfin, réglez la température au maximum et ajoutez les crevettes. Au moment où le liquide s'évapore, le contenu du wok doit être cuit au cœur pendant environ 3 minutes.

3.6 LÉGUMES ET PRODUITS VÉGÉTARIENS

Il n'est pas toujours nécessaire qu'il y ait de la viande. La cuisine régionale à base de légumes nous donne de la force, de l'énergie et des substances végétales essentielles. De plus, il est rapide à mettre en œuvre et particulièrement léger. Grâce au wok, les ingrédients et la couleur impressionnante sont préservés, ce qui permet de créer un jeu visuel dans l'assiette ou dans le wok en plus de l'aspect culinaire.

ORANGES ET CAROTTES

Valeurs nutritionnelles : 290 kcals, glucides 16 g, lipides 20 g, protéines 9 g

Pour 4 portions
Temps de préparation: 20 min
Difficulté: facile

Ingrédients:

450 g de carottes

220 g de poireaux
100 g d'arachides
2 oranges
2 cuillères à soupe d'huile de tournesol
2 cuillères à soupe de ketchup à la tomate
2 c. à soupe de sauce soja (clair)
1 cuillère à soupe de cassonade

Préparation:

1. Lavez, pelez et râpez les carottes. Nettoyez les poireaux et coupez-les en tranches. Hachez les arachides. Pelez les oranges, retirez les peaux blanches et coupez les filets en morceaux.

2. Chauffer l'huile dans le wok chaud et ajouter les carottes râpées et les poireaux en tranches. En 2-3 minutes, les légumes doivent être cuits, mais toujours croquants, en remuant constamment. Ajoutez ensuite les morceaux d'orange et faites-les cuire en remuant doucement.

3. Dans un bol, mélangez bien le ketchup, le sucre et la sauce soja. Avec ce mélange, le contenu du wok continue à cuire pendant 2 minutes. Saupoudrer les cacahuètes à la fin de la cuisson. (Si vous le souhaitez, vous pouvez les griller au préalable sans graisse).

MÉLANGE DE LÉGUMES POUR WOK

Valeurs nutritionnelles : 320 kcals, glucides 13 g, lipides 23 g, protéines 12 g

Pour 2 portions
Temps de préparation: 25 min
Difficulté: facile

Ingrédients:

600 g de mélange végétal (carottes, fenouil, poireaux, épinards, etc.)
100 ml de bouillon de légumes
2 oignons de printemps
1 gousse d'ail
4 cuillères à soupe d'arachides (grillées + salées)
3 cuillères à soupe de sauce soja
3 cuillères à soupe d'huiles végétales
2-3 cuillères à soupe de sauce chili sucrée
2 cuillères à soupe de mirin (vin de riz doux)
1/2 cuillère à café d'amidon

Préparation:

1. Laver et nettoyer les légumes. Coupez les légumes les plus durs en fines lanières et les plus mous en morceaux plus épais. Lavez les oignons, nettoyez-les et coupez-les en tranches. Hachez finement les

arachides. Mélanger les oignons de printemps et les noix.

2. Peler et hacher finement l'ail. Dissoudre bien l'amidon dans la sauce soja. Ensuite, mélangez tous les ingrédients liquides.

3. Chauffez d'abord le wok, puis versez l'huile et mettez-la à température. Mettez d'abord les légumes épais comme les carottes ou le fenouil et faites-les cuire pendant 2-3 minutes en remuant. Ensuite, faites revenir le poireau, les champignons et l'ail pendant 1 à 2 minutes.

4. Ajouter les épinards à la fin. Versez la sauce et faites cuire pendant environ 3 minutes. Saupoudrer la finale avec le mélange d'oignons et de noix et servir avec du riz.

CURRY DE LÉGUMES THAÏLANDAIS

Valeurs nutritionnelles : 170 kcals, glucides 7 g, lipides 14 g, protéines 5 g
Pour 4 à 6 portions
Temps de préparation: 45 min
Difficulté: facile

Ingrédients:
150 g de chou chinois et 150 g de brocoli
100 g de haricots serpentins
375 ml de lait de coco
4 feuilles de kaffir de citronnier
2 courgettes
1 oignon
1 poivre (rouge)
1 chaux
2 c. à soupe de sauce de poisson + 2 c. à soupe de pâte de curry (vert)
1 cuillère à soupe d'huile comestible
2 cuillères à café de sucre de canne brut
En outre, il est nécessaire
1 petit verre

Préparation:

1. Nettoyez les haricots, pressez-les et coupez-les en morceaux. Lavez le poivre, coupez-le en deux et débarrassez-le de ses graines et de sa peau. Ensuite, coupez le poivre en lanières. Lavez le brocoli, séchez-le et divisez-le en grappes. Pelez l'oignon et coupez-le en dés.

2. Nettoyez les courgettes, lavez-les et coupez-les en tranches. Lavez le chou chinois, triez-le et coupez les feuilles en fines tranches. Lavez la chaux à l'eau chaude, séchez-la et extrayez le zeste. Couper les agrumes en deux et presser 2 cuillères à soupe de jus dans le verre.

3. Dans un wok avec de l'huile chaude, faire revenir l'oignon avec la pâte de curry pendant environ 3 minutes à température moyenne. Versez ensuite le lait et 250 ml d'eau.

4. Porter le contenu à ébullition en remuant constamment. Ensuite, réduisez la température et laissez mijoter pendant 5 minutes.

5. Ajouter les poivrons, les haricots et le brocoli. Ajoutez ensuite les feuilles de citron vert et faites-les sauter pendant 5 minutes. Ensuite, les courgettes et le chou chinois sont mis dans le wok pendant encore 3 minutes.

6. Lorsque les légumes sont cuits, ajoutez le jus de citron vert, le zeste, la sauce de poisson et le sucre. Mélangez bien le tout et retirez les feuilles de citron vert avant de servir.

AUBERGINE À L'AIL RÔTI

Valeurs nutritionnelles : 276 kcals, glucides 16 g, lipides 19 g, protéines 6 g

Pour 4 portions
Temps de préparation: 35 min
Difficulté: facile

Ingrédients:

8 tiges de persil (lisses)
4 gousses d'ail
3 aubergines
1/2 citron
4 cuillères à soupe d'huile d'olive
1 cuillère à soupe de miel
1 cuillère à soupe de vinaigre balsamique
1/2 cuillère à café de cumin (moulu)
sel + poivre

Préparation:

1. Lavez le citron à l'eau chaude, essuyez-le et pressez-le dans un bol. Nettoyez les aubergines, pelez-les et coupez-les en dés. Peler et hacher finement l'ail.

2. Chauffer l'huile dans le wok chaud. Cuire l'aubergine en dés à feu vif pendant environ 5

minutes, en remuant de temps en temps. Ajoutez ensuite l'ail et le cumin et faites cuire encore 2 minutes après le salage et le poivrade.

3. Ajouter le jus de citron, le vinaigre et le miel. Laisser mijoter à température moyenne pendant 7 à 10 minutes, jusqu'à ce que les morceaux d'aubergine soient tendres. Lavez et séchez le persil et hachez les feuilles. Saupoudrez-les sur le dessus comme garniture. Les tranches de pain de campagne frottées à l'ail et grillées peuvent être utilisées comme garniture.

ÉPINARDS AU WOK AUX NOISETTES

Valeurs nutritionnelles : 312 kcals, glucides 9 g, lipides 27 g, protéines 8 g

Pour 4 portions
Temps de préparation: 45 min
Difficulté: facile

Ingrédients:

600 g d'épinards (frais)
50 g de noisettes
2 échalotes
2 gousses d'ail
2 carottes
2 branches de thym
3 cuillères à soupe d'huile d'olive
3 cuillères à soupe de crème fraîche
2 cuillères à soupe de parmesan (râpé)
Sel + poivre

En outre, il est nécessaire
1 plaque à pâtisserie
Quatre
Papier parchemin

Préparation:

1. Chauffer le four à 180 degrés. Pelez les échalotes et coupez-les en fines lanières. Pelez l'ail et hachez-le finement. Pelez les carottes et coupez-les en petits dés.

Lavez les épinards, triez-les et débarrassez-vous de leurs grosses tiges.

2. Tapisser une plaque à pâtisserie de papier parchemin et y griller les noisettes pendant 5 minutes au four. Laissez les noisettes refroidir et frottez-les entre vos mains. La peau se détache. Ils sont ensuite grossièrement hachés et mis de côté.

3. Chauffer 1 cuillère à soupe d'huile et 1 brin de thym dans un wok chaud. Ajouter la carotte et cuire pendant 2 minutes en remuant constamment. Ajouter les échalotes et l'ail, le sel et le poivre. Après 2 minutes, mettez les légumes de côté dans une assiette.

4. Chauffer le reste de l'huile dans le wok avec la deuxième branche de thym. Ajouter les épinards l'un après l'autre et les faire fondre à haute température pendant 5 minutes au total, en remuant de temps en temps.

5. Réduire la température et ajouter les carottes, la crème fraiche et le parmesan aux épinards. La poêle bien mélangée cuit encore 2 minutes avant d'être saupoudrée de noisettes grillées.

CURRY DE LÉGUMES

Valeurs nutritionnelles : 434 kcals, glucides 4 g, lipides 45 g, protéines 4 g
Pour 4 portions
Temps de préparation: 35 min
Difficulté: facile

Ingrédients:
300 g de courgettes
150 g d'aubergine
100 ml d'huile de coco
80 ml d'huile d'olive
1 oignon
2 c. à soupe de pâte de curry (jaune)
2 c. à soupe de graines de lin
sel + poivre

Préparation:

1. Pelez l'oignon et coupez-le en dés. Lavez et nettoyez les aubergines et les courgettes et coupez-les en deux. Couper les légumes en cubes.

2. Chauffer l'huile à feu vif dans le wok chaud. Faire revenir les oignons pendant 2 minutes. Ajoutez ensuite le reste des légumes en cubes. Cuire en remuant constamment pendant environ 6 à 8 minutes.

3. Ajouter le curry et les graines de lin et cuire environ 3 minutes en remuant constamment. Versez ensuite le lait et passez à une température moyenne à basse. Laisser mijoter jusqu'à 8 minutes.

CONCOMBRE AIGRE-DOUX

Valeurs nutritionnelles : 110 kcals, glucides 5 g, lipides 8 g, protéines 3 g
Pour 2 portions
Temps de préparation: 15 min
Difficulté: facile

Ingrédients:
140 g de pousses de bambou (1 boîte)
1 concombre
2-3 poivrons rouges (séchés)
2 cuillères à soupe d'huile
2 cuillères à soupe de vinaigre de riz
1 c. à soupe de sauce soja (clair)
1 cuillère à café de cassonade
Sel
En outre, il est nécessaire
1 passoire

Préparation:

1. Lavez le concombre, coupez-le dans le sens de la longueur et retirez l'intérieur aqueux avec les graines à l'aide d'une cuillère. Ensuite, coupez le concombre en morceaux d'environ 1 cm d'épaisseur. Égouttez les germes dans une passoire.

2. Chauffer l'huile dans le wok chaud. Le poivre est grillé jusqu'à ce qu'il devienne brun. Retirez ensuite les gousses. Ajouter les morceaux de concombre au

wok et saupoudrer de sucre. Bien mélanger le tout pendant 1 minute, en remuant constamment et cuire.

3. Ajouter le reste des ingrédients. Salez le contenu du wok et faites cuire encore 2 minutes.

LÉGUMES BRAISÉS AU MIEL

Valeurs nutritionnelles : 220 kcals, glucides 30 g, lipides 10 g, protéines 4 g

Pour 6 portions
Temps de préparation: 50 min + 30 min trempage
Difficulté: facile

Ingrédients:

425 g d'épis de maïs (boîte + filtrée)
225 g de châtaignes d'eau (boîte + filtrée)
250 g de patate douce
60 g de cubes de tofu (frits)
8 champignons chinois (séchés)
5 oignons de printemps
3 tranches de racine de gingembre
2 cuillères à soupe d'huile d'arachide
2 cuillères à soupe de sauce soja
1 cuillère à soupe de miel
2 c. à thé d'huile de sésame
2 c. à thé d'amidon

En outre, il est nécessaire
1 était

Préparation:

1. Faites tremper les champignons dans un bol d'eau chaude pendant environ 30 minutes, puis égouttez-les

et pressez-les. Conserver 185 ml du liquide. Retirez les pieds et coupez les champignons en fines tranches.

2. Lavez, pelez et coupez les pommes de terre en deux. Coupez-les en tranches. Coupez les tranches de gingembre en lanières. Coupez les cubes de tofu en fines tranches. Nettoyez les oignons de printemps, coupez-en 4 en petits morceaux et coupez-en 1 en fines tranches.

3. Faites tourner le gingembre dans le wok avec l'huile d'arachide chauffée. Ajoutez ensuite les champignons pendant 30 secondes. Versez la sauce soja et le liquide de champignons sur le contenu. Des dés de pommes de terre, de l'huile de sésame, des tranches de tofu et du miel sont également ajoutés à la poêle et laissent mijoter pendant environ 15 minutes.

4. Dissoudre l'amidon dans un peu d'eau et l'ajouter au wok. Lorsque la sauce épaissit, ajoutez les morceaux d'oignons de printemps, de maïs et de châtaignes d'eau. Lorsque le plat est chaud, ajoutez les rondelles d'oignon de printemps.

CHOU-FLEUR THAÏLANDAIS

Valeurs nutritionnelles : 157 kcals, glucides 7 g, lipides 10 g, protéines 7 g

Pour 4 portions
Temps de préparation: 25 min
Difficulté: facile

Ingrédients:

400 g de chou-fleur
200 g de haricots serpentins
6 oignons de printemps
20 feuilles d'épinards
6 gousses d'ail
2 cuillères à soupe de sauce de poisson
2 cuillères à soupe d'huile comestible
1 cuillère à soupe de jus de citron vert
1 cuillère à soupe de coriandre (hachée)
1 cuillère à café de sucre de canne brut
1/2 cuillère à café de curcuma (moulu)
1/2 cuillère à café de poivre

En outre, il est nécessaire
1 mélangeur sur support

Préparation:

1. Lavez le chou-fleur, nettoyez-le et coupez-le en grappes. Nettoyez les haricots et coupez-les en petits morceaux. Pelez l'ail et écrasez 2, les 4 autres en fines tranches. Nettoyez les oignons de printemps et

coupez-les en petits morceaux. Lavez les épinards et coupez-les en gros morceaux.

2. Dans un mélangeur, réduire en purée le curcuma, la coriandre et le sucre avec 1 cuillère à soupe de sauce de poisson et des gousses d'ail écrasées

3. Chauffer 1 cuillère à soupe d'huile dans le wok et faire revenir l'ail émincé pendant 30 secondes. Il devrait brunir, mais ne devrait pas brûler.

4. Faire revenir les feuilles d'épinards dans le wok en remuant pendant 30 secondes. Mélanger le contenu plus le poivre et le reste de la sauce de poisson. Videz la poêle et mettez le lit à salade sur l'assiette.

5. Faire revenir la pâte du mélangeur dans le reste de l'huile pendant 1 minute à haute température. Ajouter le chou-fleur et le rouler soigneusement dans la pâte. Verser 125 ml d'eau et porter à ébullition. Réduire la température et laisser mijoter le chou-fleur à couvert pendant 3 minutes.

6. Ajouter les haricots et laisser mijoter pendant 3 minutes à couvert. Ajouter les oignons de printemps et cuire jusqu'à tendreté. Placez les légumes sur le paquet et arrosez-les de jus de citron vert.

LÉGUMES À LA NOIX DE COCO

Valeurs nutritionnelles : 197 kcals, glucides 10 g, lipides 16 g, protéines 4 g

Pour 4 portions
Temps de préparation: 40 min
Difficulté: facile

Ingrédients:

200 g d'asperges vertes
100 g de haricots verts
125 ml de lait de coco
12 feuilles d'épinards
2 gousses d'ail
2 tiges de basilic thaïlandais
1 Autochtone
1 patate douce
1 morceau de gingembre (environ 5 cm)
2 cuillères à soupe d'huile comestible
2 c. à thé de sauce de poisson
2 c. à thé de grains de poivre (vert)

En outre, il est nécessaire
1 râpe

Préparation:

1. Pelez l'aubergine et la patate douce et coupez-les en dés. Nettoyez les haricots et les asperges et coupez-les en petits morceaux. Pelez l'ail et écrasez-le. Pelez le

gingembre et râpez-le. Nettoyez les épinards et coupez-les éventuellement en petits morceaux. Lavez le basilic, secouez-le pour le sécher et détachez les feuilles.

2. Faire revenir l'ail et les grains de poivre dans l'huile chaude pendant 30 secondes. Ajoutez ensuite les cubes de pommes de terre et d'aubergines ainsi que 2 cuillères à café d'eau. Le tout cuit à température moyenne pendant 5 minutes, en remuant constamment.

3. Ajouter les haricots et couvrir le wok. Faites-les cuire pendant 4 minutes en secouant le wok de temps en temps.

4. Le lait et les asperges sont ensuite ajoutés à la poêle. Après 3-4 minutes, la sauce de poisson, le basilic et les épinards sont ajoutés. Mélangez bien le tout et faites cuire en remuant constamment jusqu'à ce que les épinards tombent.

AUBERGINE ÉPICÉE

Valeurs nutritionnelles : 130 kcals, glucides 6 g, lipides 10 g, protéines 2 g

Pour 4 à 6 portions
Temps de préparation: 40 min
Difficulté: facile

Ingrédients:

800 g d'aubergine
125 ml de bouillon de légumes
60 ml d'huile d'arachide
50 ml de vin de riz chinois
4 oignons de printemps
3 gousses d'ail
2 tiges de basilic
2 cuillères à soupe de vinaigre de riz
2 cuillères à soupe de sauce soja
1 cuillère à soupe de concentré de tomate
1 cuillère à soupe de racine de gingembre (hachée)
1 c. à soupe de pâte de haricots (épicée)
2 cuillères à café de sucre de canne brut
1 c. à thé d'amidon

Préparation:

1. Lavez et nettoyez les aubergines et coupez-les en dés. Nettoyez et hachez les oignons de printemps. Pelez l'ail et écrasez-le. Lavez le basilic, secouez-le et pelez-le.

2. Dans 1 cuillère à soupe d'huile chaude, faire revenir les morceaux d'aubergine en portions pendant 3-4 minutes. Ensuite, retirez-les du wok.

3. Dans le reste de l'huile, faire revenir l'ail, les oignons de printemps, le gingembre et la pâte de haricots pendant 30 secondes, en remuant constamment. Ajoutez ensuite le bouillon, le vin et le vinaigre. Mélangez bien le tout.

4. Après 1 minute de cuisson, ajouter le concentré de tomate, la sauce soja et le sucre. Retournez le contenu en remuant pendant 1 minute supplémentaire.

5. Dissoudre l'amidon dans 1 cuillère à soupe d'eau et l'ajouter au contenu du wok. Ensuite, portez le tout à ébullition. Ensuite, remettez les morceaux d'aubergine dans la poêle. Le plat mijote encore 2 à 3 minutes et épaissit un peu. Enfin, saupoudrez les feuilles de basilic sur le dessus.

POMMES DE TERRE MASALA

Valeurs nutritionnelles : 330 kcals, glucides 32 g, lipides 20 g, protéines 5 g

Pour 2 portions
Temps de préparation : 20 min + 2 heures de réfrigération
Difficulté: facile

Ingrédients:

400 g de pommes de terre (fermes à la cuisson)
2 oignons
1 gousse d'ail
1 feuille de laurier
5 cuillères à soupe d'huile végétale
1 cc de garam masala
1/2 cuillère à café de curcuma en poudre
1/2 cuillère à café de cumin (moulu)
1/4 cuillère à café de poudre de chili
Sel

Préparation:

1. Faites cuire les pommes de terre dans une casserole d'eau salée pendant environ 18 à 20 minutes. Ensuite, égouttez-les et laissez-les refroidir complètement pendant 2 heures.

2. Pelez les oignons et coupez-les en tranches. Peler et hacher l'ail. Couper les pommes de terre en deux dans le sens de la longueur, y compris la peau.

3. Chauffer le wok, puis l'huile. Les oignons y sont cuits pendant 2-3 minutes jusqu'à ce qu'ils soient dorés. Ajoutez ensuite la feuille de laurier, l'ail et toutes les épices restantes au wok. Mélangez bien le tout.

4. Ajouter les pommes de terre, saler légèrement et dorer pendant 6-8 minutes à feu doux, en remuant de temps en temps.

LÉGUMES À LA SAUCE AUX ARACHIDES

Valeurs nutritionnelles : 490 kcals, glucides 27 g, lipides 34 g, protéines 14 g

Pour 2 portions
Temps de préparation: 25 min
Difficulté: facile

Ingrédients:

150 g de haricots verts (congelés ou frais)
125 ml de lait de coco
100 ml de bouillon de légumes
3 carottes
3 tiges de céleri
2 gousses d'ail
1 oignon
3 cuillères à soupe de beurre d'arachide
3 cuillères à soupe de sauce Chili sucré
2 cuillères à soupe d'huile
2 cuillères à soupe Ketjap Manis
2 cuillères à soupe de mirin (vin de riz doux)
Sel + poivre

Préparation:

1. Pelez l'ail et l'oignon et coupez-les en petits dés. Lavez les haricots, nettoyez-les et coupez-les en deux. Pelez les carottes et coupez-les en fines tranches à un

angle. Lavez le céleri, nettoyez-le et coupez-le en fines tranches.

2. Chauffer l'huile dans le wok chaud et faire revenir les haricots pendant environ 2 minutes, en les remuant constamment. Ensuite, ajoutez tous les légumes et faites cuire encore 2 minutes.

3. Versez ensuite le fond et le lait. Assaisonner de ketjap manis, de mirin, de sel et de poivre. Couvrir et laisser mijoter pendant 10 minutes à basse température.

4. Ajouter le beurre de cacahuète et la sauce chili sucrée et bien mélanger. Porter à ébullition à feu moyen-vif pendant 5 minutes, jusqu'à ce que les légumes soient cuits.

3.7 PÂTES ET RIZ

Les plats asiatiques servis au restaurant sont souvent accompagnés de nouilles ou de riz. Pourquoi ne pas avoir le droit d'apporter ces classiques de la cuisine au wok à la maison, en toute simplicité ? Oui, il n'y a aucune raison de ne pas apprécier la légèreté d'un plat de riz granuleux ou de nouilles filandreuses et de s'immerger dans un univers culinaire léger. Si vous parcourez les recettes suivantes, vous serez étonné par la diversité de la préparation de ces ingrédients principaux.

NOUILLES POÊLÉES ET SHIITAKE

Valeurs nutritionnelles : 352 kcals, glucides 49 g, lipides 15 g, protéines 6 g

Pour 4 portions
Temps de préparation: 25 min
Difficulté: facile

Ingrédients:
250 g de champignons shiitake
200 g de nouilles chinoises
100 ml de sauce teriyaki
50 ml d'huile de tournesol
2 paquets de chow (petit)
2 poivrons rouges (doux)
2 oignons de printemps
sel + poivre

Préparation:

1. Commencez par préparer les nouilles selon les instructions. Nettoyez le paquet de chow et de champignons et coupez-les en morceaux de la taille d'une bouchée.

2. Lavez le piment, retirez les graines et la peau et coupez-le en tranches. Nettoyez les oignons de printemps et coupez-les en tranches.

3. Chauffer le wok et l'huile à feu moyen. Faire revenir les champignons pendant 3 à 4 minutes. Ajoutez ensuite les tranches de piment et faites cuire encore 3 minutes.

4. Cuire le paquet de chow dans le wok pendant 2 minutes, en remuant constamment. Salez et poivrez le contenu. Ajouter le reste des ingrédients et cuire pendant 3 minutes en remuant.

NOUILLES THAÏLANDAISES CROUSTILLANTES

Valeurs nutritionnelles : 230 kcals, glucides 17 g, lipides 13 g, protéines 9 g

Pour 4 portions
Temps de préparation: 50 min
Difficulté: facile

Ingrédients:

250 g de viande hachée
100 g de vermicelles de riz
100 g de tofu
100 g de crevettes (prêtes à cuire)
500 ml d'huile pour la friture
2 gousses d'ail
2 tiges de coriandre
1 morceau de gingembre (environ 5 cm)
1/4 bouquet de ciboulette
2 cuillères à soupe de sauce de poisson
2 cuillères à soupe de sucre de canne brut
2 cuillères à soupe de sauce chili
1 cuillère à soupe de vinaigre de riz
1 c. à thé de chili (haché)

En outre, il est nécessaire
Essuie-tout

Préparation:

1. Epongez le tofu et coupez-le en lanières. Faites-les frire en portions dans l'huile chauffée pendant environ 1 minute. Ensuite, retirez-les et laissez-les s'égoutter dans une serviette en papier.

2. Faites également frire les vermicelles dans l'huile restante jusqu'à ce qu'ils soient croustillants. Égoutter la pâte sur du papier absorbant. Laissez-les refroidir.

3. Retirez l'huile à l'exception d'une cuillère à soupe. Peler et hacher l'ail. Pelez le gingembre et râpez-le. Lavez les crevettes, essuyez-les et hachez-les finement. Lorsque l'huile est chaude, faites sauter ces ingrédients dans le wok pendant environ 2 minutes.

4. Puis ajoutez tous les autres ingrédients. Le tout est porté à ébullition. Ajoutez ensuite les pâtes et mélangez bien. Lavez et séchez la ciboulette et la coriandre et ajoutez-les au plat en les coupant en tranches ou en le décapant.

ASSIETTE DE NOUILLES UDON DE PORC

Valeurs nutritionnelles : 685 kcals, glucides 105 g, lipides 15 g, protéines 30 g
Pour 4 portions
Temps de préparation : 1 h + 20 min marinade
Difficulté: facile

Ingrédients:
500 g de nouilles udon
200 g de longe de porc
150 g de brocoli
100 g de cornichons chinois
4 oignons de printemps
1 concombre
1 morceau de gingembre (environ 10 cm)
3 cuillères à soupe de sauce soja
3 cuillères à soupe de mirin
2 cuillères à soupe de graines de sésame
2 cuillères à soupe d'amidon
2 cuillères à soupe d'huile comestible
1 pincée de sucre
Sel + poivre
En outre, il est nécessaire
1 était
1 pot
1 passoire
1 poêle
Linge de cuisine

Préparation:

1. Pelez le gingembre. Coupez un tiers d'entre eux en tranches très fines et mettez-les dans un bol. Râper finement le reste du gingembre. Dans un torchon, pressez le gingembre râpé sur les tranches de gingembre. Salez, poivrez et sucrez le tout.

2. Lavez la viande, essuyez-la et coupez-la en lanières de 5 cm de large. Mettez-les dans le bol avec le gingembre et laissez mariner pendant environ 20 minutes.

3. Faites cuire les pâtes dans une casserole d'eau salée pendant environ 12 minutes ou comme indiqué sur l'emballage. Ensuite, égouttez-les dans une passoire et rafraîchissez-les.

4. Retirez les tranches de gingembre de la viande et saupoudrez le porc d'amidon. Chauffer 1 cuillère à soupe d'huile dans un wok chaud et cuire les morceaux de longe à feu moyen jusqu'à ce qu'ils soient dorés. À la fin, ajoutez à nouveau le gingembre pendant 1 minute et réservez le tout.

5. Lavez le brocoli, triez-le et coupez-le en grappes. Couper les cornichons en fines tranches. Lavez le concombre, coupez-le en deux et en tranches très

fines. Nettoyez les oignons de printemps et coupez-les en fines tranches.

6. Chauffer le brocoli, les tranches de cornichon et les oignons de printemps dans le reste de l'huile. Après 30 secondes de cuisson, ajoutez 1 cuillère à soupe d'eau. Mettez le couvercle sur le wok et faites cuire le tout à la vapeur pendant 3 secondes.

7. Faites griller les graines de sésame dans une poêle sans gras jusqu'à ce qu'elles dégagent un parfum. Versez les nouilles, le mirin et la sauce soja dans le wok et mélangez bien. Lorsque le contenu est réchauffé, ajoutez les tranches de porc et de gingembre. Garnir le plat de tranches de concombre frais et de graines de sésame grillées.

RIZ AUX OIGNONS ET POULET

Valeurs nutritionnelles : 364 kcals, glucides 18 g, lipides 23 g, protéines 22 g

Pour 4 portions
Temps de préparation: 30 min
Difficulté: facile

Ingrédients:

350 g de filet de poitrine de dinde
220 g de riz à grains longs
600 ml de bouillon de volaille
10 tiges de ciboulette
1 oignon
3 cuillères à soupe d'huile d'arachide
2 cuillères à soupe d'amidon
1 c. à soupe de poudre de cinq épices
1/2 cuillère à café de curcuma (moulu)

Préparation:

1. Pelez l'oignon et coupez-le en dés. Lavez la ciboulette, secouez-les pour les sécher et coupez-les en petits morceaux. Lavez la viande de dinde, séchez-la et coupez-la en dés. Dans un bol, mélanger les épices en poudre et l'amidon. Roulez soigneusement les cubes de viande dedans.

2. Chauffer 2 cuillères à soupe d'huile dans le wok et y cuire les morceaux de dinde saupoudrés pendant environ 5 minutes, en les remuant constamment. Retirez ensuite la viande du wok.

3. Chauffer le reste de l'huile d'arachide et faire revenir l'oignon pendant environ 1 minute. Ajoutez ensuite le riz et le curcuma à la poêle. Ajouter le bouillon et porter le contenu à ébullition.

4. Rajoutez la viande au wok. Le tout mijote à feu réduit pendant environ 10 minutes. Le liquide doit s'être évaporé et le riz doit être cuit. Saupoudrer de pointes de ciboulette fraîches.

NOUILLES AUX CHAMPIGNONS

Valeurs nutritionnelles : 385 kcals, glucides 60 g, lipides 9 g, protéines 15 g

Pour 4 à 6 portions
Temps de préparation: 45 min
Difficulté: facile

Ingrédients:

500 g de nouilles aux œufs chinois
150 g de pleurotes et 150 g de champignons shimeji
100 g de champignons shiitake et 100 g de champignons enoki
30 g de champignons chinois (séchés)
30 g de beurre
175 ml le bouillon dashi
60 ml de chaque sauce soja + mirin
4 gousses d'ail + 6 tiges de ciboulette
2 cuillères à soupe de jus de citron
1 c. à soupe d'huile de cuisson + 1/2 c. à thé d'huile de sésame
1 c. à soupe de racine de gingembre (râpée)
1 c. à thé de sel + 1/4 c. à thé de poivre blanc

En outre, il est nécessaire
1 pot + 1 passoire
1 était

Préparation:

1. Nettoyez les champignons et pelez-les ou tranchez-les. Pelez l'ail et écrasez-le. Lavez la ciboulette, séchez-la et coupez-la en morceaux. Faites cuire les pâtes selon les instructions sur l'emballage, puis égouttez-les.

2. Dans une casserole, porter à ébullition 375 ml d'eau. Retirer du feu et faire tremper les champignons chinois pendant environ 20 minutes. Ensuite, égouttez les champignons dans une passoire et recueillez le liquide dans un bol. Retirez les pieds des champignons et coupez les chapeaux en tranches.

3. Mélanger les deux huiles dans le wok et chauffer. Commencez par faire sauter le gingembre et l'ail pendant 1 minute. Ajoutez ensuite les pleurotes, les shiitakes et les shimejis. Faites-les cuire pendant 2 minutes en remuant constamment jusqu'à ce qu'ils soient cuits. Retirez ensuite le mélange de champignons.

4. Dans le bol, mélanger 175 ml du liquide de trempage avec le bouillon de dashi, la sauce soja, le mirin et le poivre. Laisser mijoter 3 minutes dans le wok. Incorporer ensuite le beurre, le sel et le jus de

citron. Laisser mijoter encore une minute, jusqu'à ce que la sauce épaississe.

5. Laisser mijoter le mélange de champignons dans le wok pendant 2 minutes. Ajoutez les champignons chinois et les champignons enoki uniquement à ce moment-là. Ajouter les nouilles aux œufs au plat et saupoudrer de ciboulette.

NOUILLES DE CANARD CROUSTILLANTES

Valeurs nutritionnelles : 569 kcals, glucides 52 g, lipides 30 g, protéines 24 g
Pour 4 portions
Temps de préparation: 40 min + 1 heure de marinade
Difficulté: facile

Ingrédients:
400 g de magret de canard (environ 3 morceaux)
250 g de nouilles de riz (large)
100 g de pois mange-tout
2 gousses d'ail + 2 oignons de printemps chacun
3 c. à soupe de sauce soja (foncé) + 2 c. à soupe de jus de tamarin
1 cuillère à soupe de miel
1 1/2 cuillère à café de pâte de chili
1 c. à thé de graines de sésame
1 c. à thé d'huile de cuisson + 1 c. à thé d'huile de sésame
1/2 cuillère à café de poudre de cinq épices
En outre, il est nécessaire
1 était
1 pot
1 passoire
Quatre

Préparation:

1. Nettoyez les oignons de printemps et coupez-les en tranches. Pelez l'ail et écrasez-le. Nettoyez et triez les pois mange-tout. Dans un wok, faites griller les graines de sésame sans graisse jusqu'à ce qu'elles deviennent brunes et aromatiques. Ensuite, mettez les graines de sésame de côté.

2. Lavez la viande, séchez-la et piquez la peau à plusieurs reprises avec une fourchette. Dans un bol, mélanger l'ail, le piment, le miel et la sauce soja. Ajouter le mélange d'épices et mélanger. Versez le tout sur le canard. Retournez la viande et faites mariner au réfrigérateur pendant environ une heure.

3. Chauffer le four à 180 degrés Celsius. Faites cuire les nouilles de riz dans une casserole d'eau bouillante salée pendant 15 minutes. Ensuite, égouttez-les dans une passoire.

4. Retirer les magrets de canard de la marinade. Récupérez la marinade au moyen d'une passoire. Dans le four chauffé, faites cuire la viande de canard en mode grill pendant environ 10 minutes jusqu'à ce qu'elle soit croustillante. Ensuite, retirez-le du four et coupez-le en fines tranches.

5. Mélanger les deux huiles dans le wok et faire sauter les oignons de printemps et les pois pendant 2 minutes. Verser la marinade et le jus. Portez le tout à ébullition. Ajouter la viande de canard et les nouilles. Après un bref échauffement, saupoudrer le plat de sésame.

RIZ JAUNE AU CHOU FRISÉ

Valeurs nutritionnelles : 546 kcals, glucides 41 g, lipides 37 g, protéines 9 g

Pour 4 portions
Temps de préparation: 45 min
Difficulté: facile

Ingrédients:

400 g de chou frisé (environ 1/2 tête)
250 g de riz à grains longs
100 g de cerneaux de noix
75 g de raisins secs
700 ml de bouillon de légumes
1 oignon
1 morceau de gingembre (environ 3 cm)
3 cuillères à soupe d'huile
2 cuillères à soupe de jus de citron vert
1 c. à soupe de poudre de curry (jaune + fort)
1 cuillère à café de curcuma
Sel + poivre

Préparation:

1. Lavez et nettoyez le chou frisé, puis coupez les feuilles en lanières. Hachez grossièrement les noix. Pelez le gingembre et l'oignon et coupez-les en petits dés.

2. Dans l'huile chaude, faire revenir le gingembre, l'oignon et les noix pendant 30 secondes à 1 minute maximum. Ensuite, le chou est sauté pendant 2 minutes en remuant.

3. Ajouter le riz et le faire sauter brièvement. Saupoudrer la poêle de curcuma et de piment. Remuer constamment pour faire transpirer le contenu. Incorporer ensuite les raisins secs et verser le bouillon. Après ébullition, réduisez la température. Couvrir et laisser mijoter à feu moyen pendant environ 20 minutes.

4. Arroser le riz poêlé de jus de citron vert et assaisonner de sel et de poivre. Servir avec du yogourt nature.

POULET CHOW MEIN

Valeurs nutritionnelles : 265 kcals, glucides 20 g, lipides 9 g, protéines 25 g
Pour 4 à 6 portions
Temps de préparation : 45 min + 1 heure de marinade
Difficulté: facile

Ingrédients:
500 g de cuisses de poulet
250 g de nouilles aux œufs au plat
100 g de chou chinois
100 g de champignons de Paris
75 g de châtaignes d'eau (en conserve)
125 ml de bouillon de volaille
9 oignons de printemps
2 oignons
2 gousses d'ail
2 tiges de céleri
1 poivre (vert)
3 cuillères à soupe d'amidon
3 cuillères à soupe de sauce soja
2 cuillères à soupe d'huile comestible
1 c. à soupe de sauce aux huîtres
1 c. à soupe de racine de gingembre (râpée)
1 cuillère à soupe de vin de riz chinois
1 cuillère à café de sucre
Sel + poivre
En outre, il est nécessaire
2 bols

Préparation:

1. Lavez, séchez et videz la viande, puis coupez-la en dés. Pelez l'ail et hachez-le finement. Pelez les

oignons et coupez-les en tranches. Lavez les poivrons, coupez-les en deux et retirez les graines et les peaux.

2. Nettoyez le céleri et coupez-le en diagonale en fines tranches. Nettoyez les oignons de printemps, coupez 8 en petits morceaux et les derniers en fines tranches. Couper les châtaignes d'eau et les champignons en fines tranches.

3. Préparez la marinade dans un bol avec 1 cuillère à soupe d'amidon, 2 cuillères à soupe de sauce soja et de sauce aux huîtres, puis ajoutez le sucre. Couvrir la viande et laisser mariner pendant environ 1 heure au frais.

4. Chauffer 1 cuillère à soupe d'huile dans le wok, puis cuire le poulet en portions pendant 4 à 5 minutes à haute température. Retirez la viande du wok et mettez-la de côté.

5. Cuire les oignons à température moyenne dans le reste de l'huile chaude pendant 3 minutes, en remuant constamment. Ajoutez ensuite le gingembre, l'ail, le poivre et le céleri et mélangez bien. Ajoutez ensuite les morceaux d'oignons de printemps, de champignons et de châtaignes d'eau. Le tout cuit à

feu vif pendant 3 à 4 minutes, en remuant constamment.

6. Dans un deuxième bol, mélanger le reste de l'amidon, du vin et du bouillon et le reste de la sauce soja. Tout est versé dans le wok et porté à ébullition. Le léger épaississement dure 2 minutes. En attendant, nettoyez le chou chinois + coupez-le finement.

7. Ajouter le chou à la poêle et faire frire le contenu couvert pendant 2 minutes. Ensuite, ajoutez bien la viande et salez et poivrez le plat. Chauffer les nouilles aux œufs précédemment frites et les placer dans l'assiette. Disposer le mélange de wok au centre et garnir avec les tranches d'oignons de printemps.

RIZ CANTONAIS AU TOFU

Valeurs nutritionnelles : 255 kcals, glucides 27 g, lipides 12 g, protéines 9 g

Pour 4 à 6 portions
Temps de préparation: 1 heure
Difficulté: facile

Ingrédients:

300 g de riz basmati
100 g de pois (congelés) et 100 g de tofu (ferme)
80 g de grains de maïs (en conserve)
10 tiges de persil (lisses)
2 oignons de printemps + 1 gousse d'ail
2 œufs
1 carotte
2 c. à soupe de sauce soja et 2 c. à soupe d'huile de sésame
1 cuillère à soupe d'huile d'arachide (ou de tournesol)

En outre, il est nécessaire
2 pots
1 passoire + 1 bol

Préparation:

1. Selon les instructions sur l'emballage, le riz est cuit dans de l'eau bouillante salée pendant 10-15 minutes. Rincez-le à l'eau froide dans la passoire jusqu'à ce qu'il soit refroidi. Mettez le riz de côté.

2. Dans la deuxième casserole, faites cuire les pois pendant 5 minutes dans de l'eau bouillante salée. Ensuite, égouttez-les avec une passoire et mettez-les dans un bol d'eau glacée. Ils conservent ainsi leur couleur.

3. Pelez la carotte et coupez-la en petits cubes. Essuyez le tofu et coupez-le en petits cubes. Nettoyez les oignons de printemps et coupez-les en fines tranches. Pelez l'ail et hachez-le finement.

4. Mélanger 1 cuillère à soupe de chacune des deux huiles dans le wok et chauffer. Cuire la carotte et le tofu à haute température pendant 3 minutes, en remuant constamment. Versez ensuite la sauce soja. Ajoutez ensuite les rondelles d'oignon de printemps, l'ail, les pois et le maïs. Le tout continue à cuire pendant 3 minutes et est ensuite mis de côté sur une assiette creuse.

5. Cassez les œufs, battez-les, salez-les et poivrez-les. Chauffer le reste de l'huile dans le wok et faire sauter le riz à feu vif. Réduire la température et ajouter le mélange d'œufs. En remuant le riz, on permet de lier parfaitement l'œuf et le riz.

6. Ajouter les légumes et bien mélanger le tout. Lavez le persil, secouez-le pour le sécher et hachez les feuilles feuillues. Ils serviront de garniture.

VIANDE À BASE DE PLANTES SUR VERMICELLES EN VERRE

Valeurs nutritionnelles : 465 kcals, glucides 32 g, lipides 22 g, protéines 28 g

Pour 2 portions
Temps de préparation: 20 min
Difficulté: facile

Ingrédients:

180 g d'escalope de porc
100 g de nouilles en verre
40 g d'arachides (grillées + salées)
5 feuilles de citron vert
2 échalotes
2 gousses d'ail
1 mini concombre
1 morceau de gingembre (environ 2 cm)
1/2 bouquet de basilic thaïlandais
1/2 bouquet de menthe asiatique
1/2 bouquet de feuilles de coriandre
3 cuillères à soupe de sauce soja
2 cuillères à soupe d'huile
2 cuillères à soupe de sauce de poisson
1 cc de samba huilé

En outre, il est nécessaire
1 passoire
1 paire de ciseaux

Préparation:

1. Faites tremper les pâtes selon les recommandations de l'emballage, écrémez-les et coupez-les un peu plus court. Lavez la viande, essuyez-la et coupez-la finement. Hachez finement les arachides.

2. Peler et hacher finement le gingembre, les échalotes et l'ail. Lavez les feuilles de citron vert et hachez-les finement. Lavez les herbes, secouez-les pour les sécher et hachez finement les feuilles déchirées. Lavez le concombre, coupez-le en deux et réduisez-le en fines tranches.

3. Chauffer l'huile dans le wok. Faire revenir les morceaux de viande, d'ail, de gingembre et d'échalotes pendant 2 minutes. Ajoutez ensuite les feuilles de citron vert, la samba huilée, 1 cuillère à soupe de sauce de poisson et 1 cuillère à soupe de sauce soja. Cuire encore 2 minutes.

4. Ajouter le reste des ingrédients au wok, à l'exception des herbes, et les faire sauter pendant 2 minutes. Ajoutez ensuite les herbes et les arachides.

RIZ FRIT PROVENÇAL

Valeurs nutritionnelles : 290 kcals, glucides 26 g, lipides 17 g, protéines 3 g

Pour 4 portions
Temps de préparation : 1 h + 15 min
Difficulté: facile

Ingrédients:

300 g de riz
80 g d'olives (noires + dénoyautées)
150 ml de vin blanc (sec)
4 tomates
3 feuilles de laurier + 2 branches de thym
2 oignons + 2 gousses d'ail de chaque côté
1 carotte
4 cuillères à soupe d'huile d'olive
1 cuillère à soupe de concentré de tomate
1 cuillère à soupe de miel
1 cuillère à soupe d'origan (séché)
Sel + poivre

En outre, il est nécessaire
1 pot
1 passoire

Préparation:

1. Selon les instructions sur l'emballage, le riz est cuit pendant 15-20 minutes dans de l'eau bouillante salée.

Rincez-le à l'eau froide dans la passoire jusqu'à ce qu'il soit complètement refroidi. Ensuite, mettez le riz de côté.

2. Lavez les tomates, incisez leur peau croisée et arrosez-les d'eau chaude. Retirez les graines des légumes pelés et coupez-les en dés.

3. Pelez les carottes et coupez-les en petits dés. Pelez les oignons et coupez-les en fines lanières. Peler et hacher finement l'ail et couper les olives en tranches.

4. Chauffer 2 cuillères à soupe d'huile dans le wok chaud. Les oignons et les carottes y sont cuits pendant environ 3 minutes à feu vif, en remuant constamment. Ajouter tous les ingrédients restants sauf le riz. Bien mélangé, salé et poivré, le tout mijoté à basse température pendant 10 minutes.

5. Retirez le contenu du wok et mettez-le de côté. Dans le reste de l'huile, faites suer le riz pendant environ 5 minutes à feu vif, en remuant constamment. Ajoutez ensuite les légumes et mélangez-les avec le riz. La cuisson se poursuit pendant 5 minutes. Avant de servir, retirez les feuilles de laurier et les branches de thym.

RIZ FRIT AU BROCOLI

Valeurs nutritionnelles : 359 kcals, glucides 39 g, lipides 13 g, protéines 17 g

Pour 4 portions
Temps de préparation: 30 min
Difficulté: facile

Ingrédients:

300 g de brocoli
200 g de germes de haricots
160 g de riz à grains longs (cuit)
50 ml d'huile d'olive
3 oignons de printemps
1 oignon (rouge)
Sel + poivre

En outre, il est nécessaire
1 pot

Préparation:

1. Lavez le brocoli, nettoyez-le et divisez-le en grappes. Faites-les cuire dans de l'eau bouillante salée, en les gardant croquants. En attendant, pelez l'oignon rouge et coupez-le en lanières.

2. Chauffer le wok et l'huile à température moyenne. Commencez par faire sauter les tranches d'oignon

pendant environ 3 minutes. Ajoutez ensuite les pousses. Saler et poivrer.

3. Mettez à feu vif et faites cuire pendant 3 minutes. Incorporer ensuite le brocoli, retirer le tout du wok et réserver.

4. Saler et poivrer le riz et le faire sauter pendant environ 5 minutes, en remuant constamment. Ajouter à nouveau les légumes. Chauffer pendant environ 2 minutes, en remuant et en décorant avec les oignons de printemps à la fin.

NOUILLES EN VERRE ET LÉGUMES

Valeurs nutritionnelles : 198 kcals, glucides 20 g, lipides 11 g, protéines 5 g

Pour 4 portions
Temps de préparation: 1 heure
Difficulté: facile

Ingrédients:
500 g de chow en boîte (ou 250 g d'épinards)
300 g de nouilles en verre
25 g d'oreilles de nuage (ou d'autres champignons)
60 ml d'huile de sésame
60 ml de sauce soja
3 gousses d'ail
2 oignons de printemps
2 carottes
1 morceau de gingembre (environ 4 cm)
2 cuillères à soupe d'huile d'arachide
2 cuillères à soupe de mirin
2 cuillères à soupe de Shichimi Togarashi (mélange de condiments japonais)
1 cuillère à café de sucre
En outre, il est nécessaire
1 râpe

Préparation:

1. Cuire les pâtes selon les instructions sur l'emballage. Ensuite, rincez-les bien à l'eau courante et coupez-les en morceaux d'environ 15 cm de long.

2. Nettoyez et hachez finement les oignons de printemps. Pelez l'ail et hachez-le finement. Lavez le paquet chow, détachez les feuilles et hachez-les grossièrement. Peler et râper le gingembre. Lavez les carottes, pelez-les et réduisez-les à de minces bâtonnets.

3. Faites tremper les champignons dans un bol d'eau chaude pendant 10 minutes. Ensuite, égouttez-les, pressez-les et coupez-les en petits morceaux.

4. Mélanger l'huile d'arachide et 1 cuillère à soupe d'huile de sésame dans le wok et chauffer. Faire revenir l'ail, les oignons de printemps et le gingembre pendant 3 minutes à température moyenne, en remuant constamment. Ajoutez ensuite les carottes et faites-les cuire en remuant encore 1 minute.

5. Ajouter tous les ingrédients restants, à l'exception des champignons, au wok et les mélanger. Couvrir et laisser mijoter à température moyenne pendant environ 2 minutes. Ajoutez ensuite les champignons et faites-les cuire à nouveau pendant 2 minutes à couvert. Enfin, saupoudrez le plat avec le mélange d'épices.

NOUILLES AU CHILI ET AUX NOIX

Valeurs nutritionnelles : 795 kcals, glucides 75 g, lipides 45 g, protéines 20 g

Pour 4 portions
Temps de préparation: 35 min
Difficulté: facile

Ingrédients:
500 g de nouilles aux œufs chinois
100 g de haricots verts
100 g de graines d'arachide
100 g de noix de cajou
30 g de ciboulette en rouleaux
4 gousses d'ail
3 poivrons rouges
2 carottes + 2 tiges de céleri
1 oignon
1 poivre (vert + rouge)
2 c. à soupe d'huile de cuisson + 1 c. à soupe d'huile de sésame
2 c. à thé de miel
Un peu de sauce chili
Sel + poivre
En outre, il est nécessaire
1 pot

Préparation:

1. Lavez le piment, retirez les graines et hachez-le finement. Nettoyez les carottes et le céleri et coupez-

les en bâtonnets. Lavez les poivrons, coupez-les en deux et retirez les graines et les peaux. Ensuite, coupez-les en lanières.

2. Pelez l'oignon et coupez-le en tranches. Pelez l'ail et coupez-le en tranches. Faites griller les noix dans une poêle sans gras jusqu'à ce que l'arôme se développe.

3. Mélanger les deux huiles dans le wok et chauffer. Faire revenir le poivre en le retournant. Ensuite, faites revenir l'ail et l'oignon pendant 1 minute. Ajoutez ensuite les poivrons, les carottes et les haricots et faites cuire en remuant encore 1 minute.

4. Mélanger le céleri, le miel ainsi qu'une cuillère à soupe d'eau avec le contenu du wok. Le tout est bien salé et poivré. Après avoir remué le contenu, couvrir et cuire étouffé pendant 2 minutes.

5. Faites cuire les nouilles dans la poêle conformément aux instructions sur l'emballage, puis égouttez-les. Mettez-les dans le wok avec les noix. Couvrir le plat et laisser cuire une dernière fois pendant 2 minutes. Lorsque les nouilles sont réchauffées, la ciboulette est incorporée. Il peut être arrosé de sauce chili.

RIZ FRIT

Valeurs nutritionnelles : 465 kcals, glucides 44 g, lipides 23 g, protéines 20 g

Pour 4 portions
Temps de préparation: 1 heure
Difficulté: facile

Ingrédients:

550 g de riz (cuit la veille)
200 g de steak de hanche
200 g de crevettes (crues)
4 oignons de printemps
3 gousses d'ail
2 œufs
2 poivrons rouges
1 oignon
4 cuillères à soupe d'huile comestible
1 cuillère à soupe de sauce soja
2 cc la sauce soja manis
1 c. à thé de pâte de crevettes (sèche)
1 c. à thé de graines de coriandre
1/2 cuillère à café de sucre
1 pincée de sel

En outre, il est nécessaire
1 mortier & pilon

Préparation:

1. Cassez les œufs et battez-les en mousse avec une pincée de sel. Chauffer le wok avec 1 cuillère à soupe d'huile. Cuire environ 1/4 de la masse d'œufs pendant 1 à 2 minutes pour obtenir une omelette. Ensuite, retournez la lentille d'œuf et faites-la cuire pendant encore 30 secondes. Répétez l'opération quatre fois et coupez les œufs en lanières.

2. Peler et hacher l'ail. Pelez l'oignon et coupez-le en petits dés. Lavez le poivre et hachez-le finement. Mélangez ces ingrédients avec de la pâte de crevettes, du sucre et des graines de coriandre dans un mortier.

3. Chauffer le wok avec 1 cuillère à soupe d'huile de cuisson. Faire revenir le mélange de l'étape 2 pendant 1 minute. Lavez le steak de hanche, séchez-le et faites-en des lanières. Décortiquez les crevettes et ajoutez-les à la pâte avec la viande dans le wok.

4. Puis ajouter 2 cuillères à soupe d'huile et de riz. Mélangez bien le tout. Nettoyez et hachez finement les oignons de printemps. Ajouter les manis ketjap, les oignons de printemps et la sauce soja. Mélangez le tout pendant 1 minute. Enfin, ajoutez les tranches d'œufs. Tout peut être servi sur des tranches de concombre frais dans une feuille de salade.

RIZ AROMATISÉ AUX ŒUFS

Valeurs nutritionnelles : 500 kcals, glucides 60 g, lipides 20 g, protéines 15 g

Pour 4 portions
Temps de préparation: 35 min
Difficulté: facile

Ingrédients:

750 g de riz parfumé (cuit)
125 g de porc
10 oignons de printemps
6 œufs
2-3 poivrons rouges
2-3 gousses d'ail
1 oignon
1 poivre (rouge)
1 tige de coriandre
2 cuillères à soupe d'huile comestible
1 cuillère à soupe de gingembre (râpé)
1 c. à thé de sauce soja
Sel + poivre

Préparation:

1. Pelez l'oignon et coupez-le en dés. Lavez le poivre, coupez-le en deux et retirez le cœur et la peau. Hacher finement la moitié. Le reste du poivre est coupé en fines lanières. Lavez le piment, retirez les

graines et hachez-le finement. Nettoyez les oignons de printemps et coupez-les en fines tranches. Pelez l'ail et hachez-le finement.

2. Dans l'huile chaude, faire revenir les ingrédients préparés à l'étape 1, à l'exception des lanières de poivre, en remuant pendant 2 à 3 minutes à température moyenne. Ils ne doivent pas brunir. Lavez la viande, séchez-la et coupez-la en tranches. Ensuite, coupez-les en dés et ajoutez-les aux légumes poêlés pendant 3-4 minutes.

3. Réduire le feu. Mettez les œufs dans un bol, salez et poivrez généreusement. Incorporer doucement la masse d'œufs et la prendre. Ensuite, incorporez soigneusement le riz.

4. Lavez la coriandre, secouez-la pour la sécher et lavez grossièrement les feuilles. Garnir de sauce soja et de ces feuilles de coriandre. Utilisez des lanières de poivre comme garniture.

3.8 TOFU ET TEMPEH

Si vous n'aimez pas la viande, mais que vous voulez quand même obtenir une structure comparable ou une grande quantité de protéines, optez pour du tofu ou des haricots pressés sous forme de tempe. L'utilisation universelle de ces deux ingrédients vous offre un potentiel unique en termes de nuances de goût et de fermeté, notamment dans la cuisson du wok. C'est surtout sous forme de marinade que les deux variantes prennent une partie de l'arôme souhaité par le cuisinier au wok.

TOFU ET CHOU POÊLÉS

Valeurs nutritionnelles : 296 kcals, glucides 15 g, lipides 22 g, protéines 9 g

Pour 4 portions
Temps de préparation: 40 min
Difficulté: facile

Ingrédients:

250 g de chou (rouge ou blanc)
200 g de tofu
60 g de graines de sésame (claires) et 60 g de raisins secs (claires)

50 ml d'huile d'olive
12 oignons de printemps (pelés)
Jus d'une orange

Préparation:

1. Lavez le chou, nettoyez-le et débarrassez-vous du noyau. Coupez le chou en fines lanières. Lavez le tofu, essuyez-le et coupez-le en dés. Séparez l'oignon du poireau, lavez-le et pelez-le.

2. Chauffer la moitié de l'huile dans le wok chaud et faire revenir les oignons pendant 3 à 4 minutes. Ajoutez ensuite les raisins secs, le tofu et les graines de sésame. Saler, poivrer et cuire pendant 3 à 4 minutes. Ensuite, mettez le contenu de côté.

3. Faire revenir le chou dans le reste de l'huile pendant environ 4-5 minutes, en remuant constamment. Ensuite, salez et poivrez la poêle.

4. Mélanger les ingrédients réservés au chou et compléter le contenu avec le jus d'orange. Après 3 minutes, en remuant constamment, ce plat est prêt.

NOUILLES INDONÉSIENNES ET CURRY DE TOFU

Valeurs nutritionnelles : 865 kcals, glucides 74 g, lipides 52 g, protéines 29 g

Pour les portions
Temps de préparation: 45 min
Difficulté: facile

Ingrédients:
150 g de nouilles Mie
150 g de tofu
100 g de chou blanc
100 g de haricots surgelés (verts)
80 g de germes de haricot mungo
250 ml de lait de coco
2 œufs
2 cuillères à soupe Ketjap Manis
1 1/2 c. à soupe de pâte de curry
1 cuillère à soupe de sauce de poisson
1 cuillère à café de coriandre (moulue)

En outre, il est nécessaire
1 pot
1 passoire
Essuie-tout

Préparation:

1. Faites cuire les œufs dans une casserole d'eau pendant environ 10 minutes, puis décortiquez-les. Coupez-les en quatre. Préparez les pâtes dans l'eau

selon les instructions sur l'emballage, puis égouttez-les dans une passoire.

2. Lavez le chou blanc, retirez le noyau et coupez les feuilles en fines lanières. Décongelez les haricots et coupez-les en trois. Rincez les pousses à l'eau froide et égouttez-les.

3. Coupez le tofu en bouchées et épongez-le. Chauffez le wok, versez-y environ 2 cm d'huile et chauffez. Faites frire le tofu pendant seulement environ 1 minute de chaque côté jusqu'à ce qu'il devienne brun clair. Ensuite, égouttez le tofu sur du papier absorbant.

4. Égouttez l'huile jusqu'à ce qu'il n'en reste qu'un peu et chauffez-la à nouveau. Mélanger le mélange de coriandre et de pâte de curry dans l'huile et faire sauter pendant 1 minute, en remuant constamment. Faire revenir les haricots et le chou pendant 2 minutes en remuant constamment.

5. Baisser le feu et ajouter le lait de coco. Couvrir et laisser mijoter pendant 12 à 15 minutes. Ajoutez ensuite la sauce de poisson et les pousses pendant 1 minute. Incorporer ensuite les nouilles, le tofu et le ketjap. Placez les œufs sur le plat et servez.

TOFU AUX HARICOTS NOIRS

Valeurs nutritionnelles : 232 kcals, glucides 2 g, lipides 22 g, protéines 9 g

Pour 2 portions
Temps de préparation: 30 min
Difficulté: facile

Ingrédients:

300 g de tofu
125 ml de bouillon de légumes
2 gousses d'ail
2 poivrons rouges (séchés)
1 tige de céleri
1 carotte
1 oignon
1 morceau de gingembre (environ 2cm)
2 cuillères à soupe de haricots noirs (fermentés)
2 CUILLÈRES À SOUPE D'HUILE
2 cuillères à soupe de sauce soja
1/2 cuillère à café d'amidon
Sel

Préparation:

1. Laver et nettoyer le céleri. Pelez la carotte et hachez-la finement avec le céleri. Nettoyez les poivrons et retirez les graines. Pelez le gingembre, l'ail et l'oignon et hachez-les finement avec le piment.

2. Hachez finement les haricots. Lavez le tofu, séchez-le et coupez-le en grandes tranches. Chauffer l'huile dans le wok et faire sauter le mélange d'oignons d'abord pendant 1 minute, puis ajouter les légumes pendant 3 minutes.

3. Versez le bouillon et ajoutez les haricots. Ajoutez ensuite le tofu et la sauce soja. Laissez chauffer le contenu du wok.

4. Dissoudre l'amidon dans 1 cuillère à café d'eau. Ajouter ce mélange au plat, porter à ébullition et laisser le tout épaissir un peu. Salez la finale au goût.

TOFU CROUSTILLANT À LA SAUCE CHILI

Valeurs nutritionnelles : 200 kcal, glucides 1 g, lipides 19 g, protéines 9 g

Pour 4 portions
Temps de préparation: 25 min
Difficulté: facile

Ingrédients:
300 g de tofu (ferme)
1 gousse d'ail
1 carotte
1 piment (rouge)
1/2 poivre (vert)
3 c. à soupe de sauce soja (clair)
2 cuillères à soupe d'huile comestible
1 cuillère à soupe de jus de citron vert
1 cuillère à soupe de sucre de palme (ou cassonade)

En outre, il est nécessaire
1 était
Essuie-tout

Préparation:

1. Pelez l'ail et coupez-le en tranches. Nettoyez la carotte et coupez-la en bâtonnets. Lavez le poivre, coupez-le en deux et retirez les graines et la peau.

Ensuite, coupez-le également en bâtons. Lavez le piment, retirez les graines et hachez-le finement.

2. Lavez le tofu, essuyez-le et coupez-le en cubes d'environ 2 cm. Dans un bol, mélanger le chili, la sauce soja et le jus de citron vert. Ajouter la sauce de poisson et le sucre.

3. Chauffer l'huile dans le wok chaud et faire revenir l'ail pendant 1 minute. Retirez ensuite l'ail. Faire dorer le tofu dans le wok pendant environ 5 à 7 minutes, en le retournant doucement de tous les côtés. Ensuite, égouttez-le sur une serviette en papier. Réservez le tofu chaud.

4. Les bâtonnets de poivre et de carotte sont ensuite cuits pendant 1 minute, en remuant. Ils sont ensuite immédiatement placés sur la plaque. Disposer le tofu sur le dessus. Enfin, versez la sauce sur le plat.

TOFU MARINÉ AUX POIS MANGE-TOUT

Valeurs nutritionnelles : 462 kcals, glucides 10 g, lipides 40 g, protéines 15 g

Pour 2 portions
Temps de préparation : 20 min + 1 heure de marinade
Difficulté: facile

Ingrédients:

250 g de tofu
150 g de pois mange-tout
100 g de crème
4 tiges d'origan
2 gousses d'ail
1 piment (vert)
1 branche romarin
1/2 bouquet de basilic
1/2 citron
2 cuillères à soupe d'huile d'olive
Sel + poivre

En outre, il est nécessaire
1 était

Préparation:

1. Lavez le citron à l'eau chaude, retirez le zeste et hachez-le finement. Pour ce faire, pressez le jus des

agrumes dans un bol. Lavez le piment, retirez les graines et hachez-le finement avec l'ail pelé.

2. Lavez les herbes, secouez-les pour les sécher et hachez finement les feuilles et les aiguilles. Mélangez les ingrédients de toutes les étapes précédentes dans un bol avec 1 cuillère à soupe d'huile. Lavez le tofu, séchez-le et coupez-le en gros cubes. Laissez mariner pendant une heure dans de l'huile de citron assaisonnée.

3. Lavez et nettoyez les pois mange-tout et débarrassez-les de leurs extrémités. Dans le wok chauffé, faire revenir le tofu avec la marinade jusqu'à ce qu'il soit légèrement doré. Retirez-le et réservez la marinade.

4. Faites cuire les pois mange-tout dans le reste de l'huile jusqu'à ce qu'ils soient al dente. Après environ 4 minutes, ajoutez le tofu et la crème. Salez, poivrez et ajoutez un peu de jus de citron.

TEMPEH AU PIMENT

Valeurs nutritionnelles : 300 kcals, glucides 10 g, lipides 15 g, protéines 5 g

Pour 4 portions
Temps de préparation: 30 min
Difficulté: facile

Ingrédients:

425 g d'épis de maïs
250 g de Tempé
125 g d'asperges vertes
125 g de pois mange-tout
1 oignon
1 carotte
2 cuillères à soupe d'huile comestible
2 c. à soupe de sauce chili (sucrée)
2 cuillères à soupe Ketjap Manis
2 cuillères à soupe de sherry (sec)

Préparation:

1. Lavez le Tempé, essuyez-le et coupez-le en bouchées. Pelez l'oignon et coupez-le en fines tranches. Pelez les asperges et les carottes et coupez-les en morceaux. Lavez les gousses et coupez-les en deux.

2. Chauffez l'huile dans le wok chaud et faites-la pivoter. Faire revenir les cubes de Tempé en portions, en remuant constamment, jusqu'à ce qu'ils soient dorés. Ensuite, retirez-les du wok et mettez-les de côté.

3. Faire revenir l'oignon pendant 1 minute dans le wok. Ensuite, nous ajoutons les gousses, la carotte et les asperges. Après 2-3 minutes, tout doit être cuit.

4. Ajouter le Tempé et remplir le wok avec le reste des ingrédients. Porter le tout à ébullition, laisser mijoter pendant 2 minutes et servir chaud.

TOFU FRIT DANS UN NID DE NOUILLES AUX ŒUFS

Valeurs nutritionnelles : 435 kcals, glucides 65 g, lipides 16 g, protéines 10 g

Pour 4 portions
Temps de préparation: 20 min
Difficulté: facile

Ingrédients:

500 g de nouilles aux œufs chinois
100 g de cubes de tofu frits
100 g d'ananas (frais)
60 ml de jus d'ananas
60 ml de sauce hoisin
3 gousses d'ail
2 tiges de coriandre
1 oignon
1 poivre (rouge)
2 cuillères à soupe d'huile comestible
2 c. à thé de racine de gingembre (râpée)

Préparation:

1. Lavez les poivrons, coupez-les en deux et retirez les graines et les peaux. Ensuite, les légumes sont transformés en carrés. Pelez l'oignon et coupez-le en dés. Peler et hacher l'ail. Lavez la coriandre, secouez-la pour la sécher et hachez finement la plupart des

feuilles feuillues. Réservez-en quelques-uns pour la décoration.

2. Couper l'ananas en petits morceaux. Faites cuire les nouilles aux œufs conformément aux instructions sur l'emballage, puis démêlez-les légèrement et coupez-les en petits morceaux.

3. Coupez les cubes de tofu en trois tranches. Coupez-les tour à tour en 2 ou 3 morceaux. Chauffer l'huile dans le wok et faire revenir l'oignon et le poivre pendant 1 à 2 minutes. Ajoutez ensuite l'ail et le gingembre. Après 1 minute, ajouter le tofu.

4. Après 2 minutes de cuisson, l'ananas et les nouilles sont ajoutés au wok. Lorsque tout est bien mélangé, le jus d'ananas et la sauce sont versés. Incorporer ensuite la coriandre hachée, bien mélanger le tout et ajouter les feuilles de coriandre sur le dessus.

TOFU À LA SIN

Valeurs nutritionnelles : 697 kcals, glucides 11 g, lipides 35 g, protéines 15 g

Pour 4 à 6 portions
Temps de préparation: 45 min
Difficulté: facile

Ingrédients:
425 g de champignons de paille (en conserve)
375 g de tofu (ferme)
250 g de pois mange-tout
125 g de vermicelles de riz
125 ml de bouillon de légumes
4 oignons de printemps + 1 gousse d'ail
2 carottes
5 cuillères à soupe d'huile comestible
1 cuillère à soupe de sauce soja et 1 cuillère à soupe de sauce aux huîtres
1 cuillère à soupe de sherry
2 c. à thé d'amidon
1 c. à thé de racine de gingembre (râpée)

En outre, il est nécessaire
2 bols
1 passoire
Essuie-tout

Préparation:

1. Lavez le tofu, essuyez-le et coupez-le en petits morceaux. Pelez les carottes et coupez-les en

bâtonnets. Pelez l'ail et écrasez-le. Nettoyez les pois mange-tout et les oignons de printemps et coupez-les en fines tranches. Tamiser les champignons.

2. Coupez les vermicelles en petits morceaux et croustillez-les en portions dans 4 cuillères à soupe d'huile à feu moyen. Ensuite, égouttez-les sur du papier absorbant.

3. Dissoudre l'amidon dans un bol avec 2 cuillères à café d'eau. Dans un deuxième bol, mélanger les sauces plus le bouillon et le sherry.

4. Dans le reste de l'huile, les oignons et le gingembre sont sautés à feu vif pendant 1 minute. Le tofu est ensuite mis dans la casserole pendant 3 minutes, en remuant constamment. Retirez ensuite le tofu.

5. Ajouter les carottes et les pois mange-tout au reste du contenu. Après 1 minute de cuisson, versez la sauce. Couvrir et laisser mijoter pendant 3 minutes avant d'ajouter le tofu au wok.

6. Ajouter les oignons de printemps, les champignons et le mélange d'amidon et cuire jusqu'à ce que la sauce épaississe. Disposer le contenu du wok sur un lit de vermicelles.

TOFU CROUSTILLANT AVEC SAUCE AUX HARICOTS

Valeurs nutritionnelles : 290 kcals, glucides 40 g, lipides 8 g, protéines 15 g

Pour 4 portions
Temps de préparation : 1 h + 30 min marinade
Difficulté: facile

Ingrédients:
500 g de tofu (ferme)
125 g de farine de riz
60 ml de sauce soja
60 ml d'huile de cuisson
6 oignons de printemps
2 gousses d'ail
2 oignons
Râpe à zeste d'orange 1
1/2 poivre (rouge)
2 cuillères à soupe de sucre de canne brut
2 cuillères à soupe de sherry (sec)
2 cuillères à soupe de pâte de haricots (épicée)
2 cuillères à soupe d'huile d'arachide
2 c. à thé de racine de gingembre (râpée)

En outre, il est nécessaire
2 bols
1 passoire

Préparation:

1. Essuyez le tofu et coupez-le en dés. Pelez les oignons et coupez-les en huit. Pelez l'ail et hachez-le finement. Retirez les graines et la peau des poivrons et coupez-les en fines lanières. Nettoyez les oignons de printemps et coupez-en 5 en petits morceaux, coupez 1 en tranches.

2. Dans un bol, mélanger le tofu avec l'huile d'arachide. Ajouter la sauce soja et le gingembre. Couvrir et réfrigérer pendant 30 minutes.

3. Recueillir la marinade dans un deuxième bol à l'aide d'une passoire. Passer les cubes de tofu à travers la farine et les cuire en portions pendant 1 1/2 minute à température moyenne dans 60 ml d'huile de cuisson. Lorsqu'il est doré, retirez-le du wok et laissez-le s'égoutter sur une serviette en papier. Égouttez l'huile de la casserole spéciale.

4. Chauffer le wok et faire revenir le sucre, l'ail et les oignons pendant 3 minutes. Ajouter les autres ingrédients et bien mélanger le tout. Porter à ébullition le contenu du wok, puis chauffer les cubes de tofu. Garnir d'anneaux d'oignon de printemps.

PHAD THAI VÉGÉTARIEN

Valeurs nutritionnelles : 375 kcals, glucides 34 g, lipides 21 g, protéines 13 g

Pour 4 portions
Temps de préparation: 40 min
Difficulté: facile

Ingrédients:
400 g de nouilles de riz (étroites)
100 g de cubes de tofu (frits)
100 g de germes de soja
40 g d'arachides (grillées)
60 ml de sauce soja
6 oignons de printemps
2 gousses d'ail + 1 oignon
2 œufs
2 tiges de coriandre
1 poivre (rouge)
2 cuillères à soupe d'huile d'arachide et 2 cuillères à soupe de jus de citron vert
1 cuillère à soupe de sucre de canne brut
2 ccs de samba huilée

En outre, il est nécessaire
1 était

Préparation:

1. Cuire les pâtes selon les instructions sur l'emballage. Ensuite, égouttez-les et mettez-les de côté.

2. Pelez l'oignon et coupez-le en huit. Pelez l'ail et écrasez-le. Lavez le poivre, coupez-le en deux et retirez les graines et la peau. Ensuite, coupez-le en lanières. Nettoyez les oignons de printemps et coupez-les en diagonale pour faire des bâtonnets courts.

3. Coupez le tofu en fines tranches et hachez finement les arachides. Lavez la coriandre, secouez-la et hachez les feuilles.

4. Fumer la majeure partie de l'huile dans le wok. Ensuite, faites cuire les œufs cassés dans une omelette. Après 30 secondes, enroulez l'omelette et retirez-la du wok. La masse de l'œuf est maintenant coupée en lanières.

5. Faire revenir l'ail, les oignons et les poivrons avec le reste de l'huile. À haute température, les légumes cuisent en 2-3 minutes. Ajouter les nouilles et mélanger le tout. Ajouter le tofu, les tranches d'omelette, les oignons de printemps et la moitié de la coriandre.

6. Dans un bol, mélanger la sauce soja, le jus de citron vert, la samba huilée et le sucre, puis verser le tout dans le wok. Saupoudrer les pousses, les noix et la deuxième moitié de la coriandre.

TOFU DANS UN NID DE NOUILLES D'ARACHIDE

Valeurs nutritionnelles : 697 kcals, glucides 96 g, lipides 30 g, protéines 32 g

Pour 4 portions
Temps de préparation: 20 min
Difficulté: facile

Ingrédients:

500 g de nouilles aux œufs chinois
250 g de tofu (ferme)
125 g de brocoli
100 g de beurre d'arachide
75 ml le Ketjap Manis
2 gousses d'ail
1 oignon
1 poivre (rouge)
2 cuillères à soupe d'huile d'arachide
1 c. à thé de racine de gingembre (râpée)

En outre, il est nécessaire
2 bols
1 passoire

Préparation:

1. Essuyez le tofu et coupez-le en cubes. Pelez l'ail et écrasez-le. Peler et hacher l'oignon. Lavez le brocoli, secouez-le pour le sécher et coupez-le en grappes.

Lavez le poivre, coupez-le en deux et retirez les graines et la peau. Ensuite, coupez-le en petits morceaux.

2. Dans un bol, nous combinons le tofu, 40 ml de ketjap et l'ail. Dans le deuxième bol, le reste du ketjap, du beurre d'arachide et 125 ml d'eau sont mélangés.

3. Chauffer l'huile dans le wok et faire sauter les cubes de tofu égouttés jusqu'à ce qu'ils soient dorés. Retirez ensuite le tofu du wok. Cuire les nouilles selon les instructions sur l'emballage. Ensuite, récupérez-les dans une passoire et coupez-les en petits morceaux.

4. Faire revenir les légumes dans le wok jusqu'à ce qu'ils soient cuits. Ajoutez ensuite la marinade, le tofu et les nouilles. Versez ensuite le mélange de beurre d'arachide et mélangez vigoureusement.

LÉGUMES ASIATIQUES AVEC GARNITURE DE TOFU TERIYAKI

Valeurs nutritionnelles : 260 kcal, glucides 20 g, lipides 1 g, protéines 19 g

Pour 6 portions
Temps de préparation: 40 min
Difficulté: facile

Ingrédients:

650 g de pack Choi
600 g de tofu soyeux
500 g de somme de Choi
450 g de haricots serpentins
60 g de sucre de canne brut
250 ml de sauce teriyaki
60 ml d'huile de cuisson
1 oignon
2 c. à soupe de racine de gingembre (râpée)
1 cuillère à soupe d'huile de sésame
1/2 cuillère à café de flocons de chili

En outre, il est nécessaire
6 petites plaques creuses
1 passoire
1 écumeur
Essuie-tout

Préparation:

1. Nettoyez les haricots, retirez les extrémités et coupez-les en petits morceaux. Lavez les légumes verts exotiques et coupez-les en deux. Pelez l'oignon et coupez-le en dés. Égoutter le tofu soyeux dans une passoire.

2. Chauffer 1 cuillère à soupe d'huile dans le wok chaud. Les oignons se dissolvent pendant 5-7 minutes et sont retirés à l'aide d'un écumoire. Ils atterrissent sur des serviettes en papier pour les égoutter.

3. Faire revenir les légumes dans une autre cuillère à soupe d'huile pendant 2 à 3 minutes, jusqu'à tendreté. Les légumes sont également enlevés et réchauffés.

4. Ensuite, mélangez le chili, le gingembre, le sucre et la sauce teriyaki dans le wok et portez à ébullition. Après 1 minute de cuisson, ajouter l'huile de sésame et le tofu. Il dure 2 minutes sans remuer, sinon les morceaux se cassent.

5. Disposer les légumes sur l'assiette creuse et verser la garniture du wok. Saupoudrer la finition d'oignons.

TEMPEH VÉGÉTAL

Valeurs nutritionnelles : 529 kcals, glucides 12 g, lipides 15 g, protéines 23 g

Pour 4 portions
Temps de préparation: 30 min
Difficulté: facile

Ingrédients:

800 g de brocoli chinois
500 g de feuilles de par-ci
300 g de tempeh
40 g de noix de cajou
125 ml de sauce aux huîtres
4 oignons de printemps
2 gousses d'ail
1 piment (rouge)
2 cuillères à soupe de vinaigre de riz
2 c. à soupe de feuilles de coriandre
1 c. à soupe de racine de gingembre (râpée)
1 cuillère à soupe d'huile d'arachide
1 c. à thé d'huile de sésame

Préparation:

1. Pelez et écrasez l'ail. Nettoyez les poivrons, retirez les graines et coupez-les en fines tranches. Nettoyez les oignons de printemps et coupez-les en diagonale en morceaux. Lavez, séchez et hachez le brocoli chinois.

2. Faites griller les noix de cajou dans un wok sans gras jusqu'à ce que l'arôme se développe. Lavez le tempeh, séchez-le et coupez-le en petits cubes. Chauffer les huiles ensemble dans le wok. Faire revenir le gingembre, le piment et l'ail et les oignons de printemps à haute température jusqu'à ce que les oignons soient tendres.

3. Ajoutez ensuite le tempeh. Tout cuit maintenant pendant 5 minutes, en remuant constamment. Lorsqu'il est doré, retirez le tempeh et gardez-le au chaud.

4. Avec 1 cuillère à soupe d'eau, cuire à la vapeur la moitié des légumes couverts pendant environ 3-4 minutes. Lorsque les feuilles sont tendres, retirez les légumes et faites cuire l'autre moitié à la vapeur de la même manière.

5. Mettez tous les légumes et le tempeh dans le wok. Ajoutez ensuite le vinaigre et la sauce aux huîtres et laissez chauffer. La coriandre et les noix de cajou servent de garniture juste avant de servir.

TOFU DE NOUILLES THAÏLANDAISES

Valeurs nutritionnelles : 157 kcals, glucides 15 g, lipides 9 g, protéines 5 g

Pour 4 à 6 portions
Temps de préparation: 35 min
Difficulté: facile

Ingrédients:

250 g de vermicelles de riz
100 g de tofu (frit)
150 g de germes de soja
100 g de haricots verts
100 g de chou chinois
8 champignons chinois (séchés)
3 gousses d'ail
1 carotte
1 morceau de gingembre (environ 5 cm)
1/2 poivre (rouge)
2 cuillères à soupe de sauce soja
2 cuillères à soupe d'huile comestible
1 cuillère à soupe de sauce de poisson
2 cuillères à café de sucre de canne brut

En outre, il est nécessaire
1 passoire
1 râpe

Préparation:

1. Faites tremper les champignons dans de l'eau chaude pendant 20 minutes. Préparez les vermicelles selon les instructions sur l'emballage et égouttez-les. Lavez les poivrons, retirez les graines et les peaux et coupez-les en bâtonnets.

2. Nettoyez le chou chinois, triez-le et coupez les feuilles en lanières. Pelez la carotte et réduisez-la en bâtonnets. Détaillez le tofu en petits cubes. Peler et hacher l'ail. Pelez le gingembre et râpez-le.

3. Faire revenir les cubes d'ail, de gingembre et de tofu dans l'huile chaude pendant 1 minute. Ajoutez ensuite les haricots, la carotte et le poivre. Ajouter les champignons ramollis et les cuire pendant 2 minutes en remuant constamment.

4. Puis ajouter les sauces et le sucre et bien mélanger le tout. Cuire le contenu pendant 1 minute dans le wok couvert.

5. Ajouter les nouilles, les pousses et tout le chou chinois à l'exception de 3 cuillères à soupe et bien mélanger le tout. Mettez le tout dans l'assiette et placez le chou chinois frais sur le dessus.

SACHETS DE TOFU FARCIS

Valeurs nutritionnelles : 290 kcals, glucides 21 g, lipides 16 g, protéines 14 g

Pour 2 à 4 portions
Temps de préparation: 50 min
Difficulté: moyenne

Ingrédients:

400 g de tofu (bloc)
300 g de chou chinois
200 g de profane
750 ml d'huile pour la friture
400 ml de bouillon de légumes (ou fond asiatique)
6 champignons shiitake (séchés)
4 oignons de printemps
2 carottes
1 poivron rouge (séché)
1 œuf
4 cuillères à soupe de sauce soja
2 cuillères à soupe de vin de riz
Sel + poivre

En outre, il est nécessaire
1 bol / poêle
Essuie-tout

Préparation:

1. Essuyez le tofu et coupez-le en tranches régulières.

Nettoyez les champignons et le piment et immergezles dans de l'eau bouillante. Faites-les tremper dans l'eau pendant 15 minutes.

2. Lavez le chou, nettoyez-le et réduisez-le en fines lanières. Couper la moitié des lanières de chou chinois en petits dés. Laver le poireau,
Couper en deux, puis en lanières d'environ 5 cm de long. Coupez-en la moitié en petits dés.

3. Nettoyez les oignons de printemps et coupez-les en tranches. Pelez les carottes et coupez-les légèrement à un angle en fines tranches.

4. Egoutter le piment et les champignons. Enlevez les tiges, les graines et les peaux et hachez finement les deux. Mélangez le tout avec les légumes coupés en dés, la moitié des rondelles d'oignon et la moitié du vin et de la sauce. Ajouter l'œuf battu. Mélangez bien le tout, salez et poivrez.

5. Chauffer l'huile dans le wok chaud et faire frire les tranches de tofu en portions pendant environ 6 à 8 minutes jusqu'à ce qu'elles soient dorées. Ensuite, retirez-les et épongez-les avec une serviette en papier.

6. Une fois refroidies, les tranches de tofu sont coupées pour former une poche. Ils sont remplis du mélange de légumes et d'œufs.

7. Jeter l'huile, sauf un peu, et faire sauter brièvement les carottes dans la graisse restante pendant 2 minutes. Faites cuire le reste des légumes pendant seulement 30 secondes. Versez d'abord le bouillon. Ajoutez ensuite les cuillères à soupe restantes de sauce, le vin et poivrez le tout.

8. Immergez les sachets de tofu dans le liquide. Ils cuisent ensuite à couvert pendant environ 6 à 8 minutes avant d'être servis.

3.9 DESSERTS ET BONBONS

Oui, vous avez bien lu! Outre les petits desserts aigres, la préparation de desserts sucrés au wok est tout aussi magique. Certains ne vont dans les restaurants asiatiques que pour déguster des bananes sucrées enrobées de pâte. Vous pouvez maintenant le faire vous-même à la maison, sans trop d'effort. En tant que petit gourmet, vous pouvez vous régaler et ravir les autres. Si vous êtes à la recherche d'un wok spécial pour terminer un dîner ou pour une collation, quelques délices vous attendent!

ANANAS POÊLÉ CHAUD ET MANGUE

Valeurs nutritionnelles : 267 kcals, glucides 34 g, lipides 13 g, protéines 4 g

Pour 4 portions
Temps de préparation: 30 min
Difficulté: facile

Ingrédients:

400 g d'ananas
250 g de mangue
30 g de beurre
6 biscuits à la noix de coco
2 cuillères à soupe de miel (liquide)
2 c. à soupe de graines de sésame (noir)

Préparation:

1. Pelez l'ananas, retirez le noyau et coupez-le en dés. Pelez la mangue, retirez le noyau et coupez-le en dés.

2. Faites fondre le beurre dans le wok chaud. Par conséquent, les morceaux d'ananas sont saisis pendant 5 minutes, en remuant constamment jusqu'à ce qu'ils brunissent.

Ajoutez ensuite la mangue, les graines de sésame et le miel. Le tout cuit pendant environ 3 minutes, en remuant constamment. Émietter les biscuits et les verser sur le dessert chaud. Incorporer brièvement les miettes de biscuits et servir immédiatement.

MELON SUR VERMICELLES EN VERRE

Valeurs nutritionnelles : 109 kcal, glucides 26 g, lipides 1 g, protéines 1 g

Pour 4 portions
Temps de préparation: 20 min
Difficulté: facile

Ingrédients:

500 g de melon
75 g de nouilles en verre
30 g de miel
8 feuilles de menthe
Jus de 2 limes
1 morceau de gingembre (environ 2 cm)
1 pincée de vanille (moulue)

En outre, il est nécessaire
1 était le salaire
1 mélangeur sur support

Préparation:

1. Couper le melon en deux, enlever les graines et la peau. Couper le fruit en morceaux de 1 cm et le placer au congélateur.

2. Peler et râper le gingembre. Chauffer 250 ml d'eau dans un wok. Porter à ébullition 2 cuillères à soupe de miel et de gingembre. Couvrir et laisser mijoter les nouilles à feu doux pendant 3 minutes.

3. Retirez les nouilles du feu et ajoutez la vanille. Les nouilles en verre doivent absorber complètement le liquide. Pour cela, ils doivent être placés dans un récipient plat, en les aérant un peu afin qu'ils ne collent pas ensemble. Mettre au réfrigérateur.

4. Réduire le melon en purée dans le mélangeur avec le jus de citron vert et le reste du miel. Divisez la purée dans les assiettes creuses et disposez une montagne de nouilles en verre au centre. Décorez le dessert avec les feuilles de menthe.

CURRY DE NOIX DE COCO SUCRÉ

Valeurs nutritionnelles : 463 kcals, glucides 51 g, lipides 27 g, protéines 4 g

Pour 4 portions
Temps de préparation: 20 min
Difficulté: facile

Ingrédients:

560 g d'ananas (1 boîte)
40 g de raisins secs
40 g de beurre
400 ml de lait de coco (1 boîte)
2 bananes
2 pommes (tarte)
3 cuillères à soupe de cassonade
2 cuillères à soupe de jus de citron vert
1 pointe de couteau à curcuma (moulu)

En outre, il est nécessaire
1 passoire
1 était

Préparation:

1. Égoutter l'ananas avec une passoire et recueillir le jus dans un bol. Pelez les fruits, retirez les reins des pommes et coupez-les en petits morceaux.

2. Dans le wok chaud, faire revenir les morceaux de pomme et de banane dans le beurre pendant environ 4 minutes, en remuant constamment. Ajoutez ensuite l'ananas pendant encore 1 minute. Ensuite, réservez le tout au chaud.

3. Déglacer les jus de cuisson avec 100 ml de jus d'ananas. Ajouter le lait de coco, le sucre et les raisins secs et réduire le tout jusqu'à obtenir une consistance crémeuse. Ensuite, assaisonnez avec du curcuma et du jus de citron vert. Faites la finale avec les fruits.

POMMES AU MIEL

Valeurs nutritionnelles : 299 kcals, glucides 38 g, lipides 16 g, protéines 3 g

Pour 4 portions
Temps de préparation: 30 min
Difficulté: facile

Ingrédients:

125 g de miel
60 g de farine
1 l d'huile pour la friture
3 pommes (tarte)
1 blanc d'œuf
3 cuillères à soupe d'amidon
1 cuillère à soupe de jus de citron
1 cuillère à soupe de sésame

En outre, il est nécessaire
1 était
Essuie-tout

Préparation:

1. Faites griller les graines de sésame dans un wok sans gras jusqu'à ce qu'elles brunissent et dégagent un arôme. Pelez les pommes, retirez le noyau et coupez-les en tranches ou en morceaux. Ensuite, passez-les immédiatement dans la farine.

2. Dans un bol, battre le reste de la farine, du blanc d'œuf et de l'amidon avec 5 cuillères à soupe d'eau jusqu'à obtenir une consistance légère. Chauffer le wok avec l'huile et passer les morceaux de pomme dans la pâte. Ensuite, faites-les frire en portions pendant 4 à 5 minutes jusqu'à ce qu'ils soient dorés. Ensuite, égouttez-les sur du papier absorbant.

3. Faites bouillir le miel, le jus de citron et 4 cuillères à soupe d'eau et versez-les sur les pommes. Enfin, saupoudrez le dessert de sésame.

SOUPE EXOTIQUE À LA NOIX DE COCO

Valeurs nutritionnelles : 221 kcals, glucides 28 g, lipides 11 g, protéines 4 g

Pour 4 portions
Temps de préparation: 35 min
Difficulté: facile

Ingrédients:

80 g de nouilles en verre
1 g de safran
300 ml de lait (écrémé)
200 ml de lait de coco (boîte + non sucré)
2 oranges
1 grenade
2 c. à soupe de noix de coco râpée
2 cuillères à soupe de miel
2 c. à thé d'amidon
1 pincée de cardamome (moulue)

En outre, il est nécessaire
1 pot
1 était
1 zesté

Préparation:

1. Versez de l'eau bouillante sur les pâtes. Ils gonflent pendant environ 5 minutes, selon les instructions sur

l'emballage. Pendant ce temps, faites griller la noix de coco râpée dans un wok, sans gras, jusqu'à ce qu'elle soit dorée.

2. Couper la grenade en deux et extraire les graines. Lavez l'orange à l'eau chaude, séchez-la et prenez environ 1 cuillère à café de zeste. Pelez les agrumes et prenez les filets. Récupérez le jus.

3. Chauffer le lait de coco dans le wok. Versez l'autre lait et ajoutez la cardamome, le safran et la peau d'orange. Ajoutez ensuite le miel et le jus d'orange et portez le tout à ébullition. Couvrir et laisser mijoter à feu doux pendant environ 8 minutes.

4. Dissoudre l'amidon dans un peu d'eau et l'ajouter à la soupe. Le contenu s'épaissit légèrement. Égouttez les nouilles et coupez-les en petits morceaux. Ajoutez-les à la soupe et mélangez-les. Enfin, garnissez le dessert de graines de grenade et de filets d'orange.

SEMOULE FRITE

Valeurs nutritionnelles : 812 kcals, glucides 136 g, lipides 20 g, protéines 13 g

Pour 4 portions
Temps de préparation: 25 min
Difficulté: facile

Ingrédients:

400 g de semoule de blé dur
375 g de fruits secs (ou fruits de cuisson)
100 g de beurre
300 ml de lait
250 ml de vin blanc (demi-sec ou jus de raisin)
1 bâton de cannelle
4 cuillères à soupe de cassonade
2 cuillères à soupe de jus de citron
Sel

En outre, il est nécessaire
1 était

Préparation:

1. Chauffer le wok et porter le vin à ébullition avec 125 ml d'eau. Ensuite, laissez mijoter les fruits de cuisson, le jus de citron, 2 cuillères à soupe de sucre et de cannelle pendant 10 minutes à température moyenne. Ensuite, mettez les fruits de côté.

2. Chauffer à nouveau le wok. Faire bouillir le lait, 300 ml d'eau et une pincée de sel avec le reste du sucre. Incorporer ensuite la semoule. Il gonfle ensuite pendant 1 à 2 minutes. Versez la semoule dans un bol.

3. Faire fondre le beurre dans le wok, ajouter la semoule et la faire dorer pendant environ 5 à 7 minutes. Enfin, ajoutez les fruits secs sur le dessus.

SCHMARRN AUX POIRES

Valeurs nutritionnelles : 435 kcals, glucides 50 g, lipides 16 g, protéines 15 g

Pour 4 portions
Temps de préparation: 1 heure
Difficulté: moyenne

Ingrédients:

200 g de farine
400 ml de lait
4 œufs
3 sachets de sucre vanillé
2 poires
1 citron
4 cuillères à soupe d'eau-de-vie williams Christ
2 cuillères à soupe de beurre
2 cuillères à café de sucre en poudre
1 pincée de sel

En outre, il est nécessaire
3 bols
1 pot
1 spatule de cuisine

Préparation:

1. Lavez le citron à l'eau chaude, séchez-le et râpez-le légèrement. Ensuite, coupez les agrumes en deux et pressez-les. Faire fondre le beurre dans une casserole. Cassez les œufs et séparez-les.

2. Dans un bol, mélanger le lait et la farine. Ajouter les jaunes d'œufs, le beurre liquide, le zeste de citron et un sachet de sucre vanillé. Bien mélanger le tout et laisser reposer pendant environ 30 minutes.

3. Lavez les poires, pelez-les et retirez le cœur. Ils sont ensuite coupés en tranches. Couvrez-les et faites-les mariner dans un deuxième récipient avec un mélange d'eau-de-vie, de jus de citron et du reste de sucre vanillé jusqu'à ce que la pâte soit prête à être cuite.

4. Battez les blancs des neiges avec une pincée de sel dans le troisième bol. Incorporer les blancs comme neige dans la pâte. Retirez les poires de la marinade et mettez ce liquide de côté. Faire dorer les poires avec la pâte en portions pendant 6 à 7 minutes à feu moyen.

5. À l'aide d'une spatule de cuisine, les crêpes sont ensuite déchirées. Le contenu est ensuite retourné et doré à nouveau pendant 6 à 7 minutes. Avant de servir, saupoudrer de sucre glace et arroser de marinade.

LÉGUMES AUX RADIS ET POIRES

Valeurs nutritionnelles : 265 kcals, glucides 17 g, lipides 16 g, protéines 4 g

Pour 2 portions
Temps de préparation: 25 min
Difficulté: facile

Ingrédients:

300 g de radis blanc (p. ex. radis daïkon)
1 poire Nishi (ou autre poire ferme)
3 cuillères à soupe de graines de sésame
3 cuillères à soupe de mirin (vin de riz doux)
2 cuillères à soupe de saké (vin de riz)
2 cuillères à soupe d'huile
1 cuillère à soupe de sauce soja
1/2 cuillère à café de sucre
Sel

Préparation:

1. Pelez les radis, coupez-les en deux dans le sens de la longueur, puis faites de fines tranches. Pelez la poire, coupez-la en quatre et retirez le cœur. Couper les quartiers de poire en tranches étroites.

2. Chauffer le wok et rôtir les graines de sésame jusqu'à ce qu'elles dégagent un parfum. Retirez ensuite les graines. Chauffer l'huile dans le wok et faire revenir les radis pendant 2-3 minutes. Rassemblez tous les ingrédients dans le wok, salez et mélangez bien le tout.

3. Couvrir et cuire à basse température pendant 8 à 10 minutes. Pendant ce temps, ajoutez 1-2 cuillères à soupe d'eau. Avant de servir, saupoudrer de graines de sésame.

ANANAS AU RHUM FLAMBÉ

Valeurs nutritionnelles : 252 kcal, glucides 28 g, lipides 7 g, protéines 1 g

Pour 4 portions
Temps de préparation: 30 min
Difficulté: facile

Ingrédients:

50 g de sucre de canne entier
100 ml de rhum brun
1 ananas
1 gousse de vanille
3 cuillères à soupe de beurre (salé)
1 pincée de cannelle (moulue)
1 pincée de gingembre (moulu)

Préparation:

1. Coupez l'ananas de haut en bas et placez-le verticalement sur le plan de travail. Coupez l'écorce tout autour avec un couteau tranchant. Couper l'ananas en deux et quatre dans le sens de la longueur et retirer le noyau. Couper l'ananas en tranches d'environ 1,5 cm d'épaisseur.

2. Fendez la gousse de vanille et extrayez la pulpe avec un couteau tranchant.

3. Faites fondre le beurre dans le wok et ajoutez le sucre, la vanille et le gingembre. Lorsque ce mélange commence à caraméliser, ajoutez les morceaux d'ananas. Faites-les cuire dans le wok pendant environ 10 minutes, en les retournant régulièrement.

4. Versez le rhum et allumez le contenu du wok. Lorsque la flamme s'éteint, il est recommandé de servir avec une boule de crème glacée à la vanille.

BANANE CUITE AU FOUR

Valeurs nutritionnelles : 450 kcals, glucides 44 g, lipides 28 g, protéines 6 g

Pour 4 portions
Temps de préparation: 30 min
Difficulté: moyenne

Ingrédients:

100 g de chocolat noir
50 ml de lait
4 bananes
2 sachets de sucre vanillé
1 œuf
4 cuillères à soupe d'huile d'arachide (ou de tournesol)
3 cuillères à soupe de chapelure
3 cuillères à soupe d'amandes (moulues)
3 c. à soupe de noix de coco râpée
1 c. à thé de cannelle (moulue)

En outre, il est nécessaire
2 plaques creuses
1 casserole plus 1 bol pour le bain-marie
(Ou 1 plat non métallique pour les micro-ondes)
Essuie-tout

Préparation:

1. Battre l'œuf sur une assiette creuse. Dans la deuxième assiette, mélanger la chapelure, les amandes, la noix de coco râpée ainsi que la cannelle et le sucre vanillé.

2. Pelez les bananes et coupez-les en trois. Passez d'abord les morceaux de fruits dans l'œuf, puis transformez-les complètement en panure sèche.

3. L'huile est chauffée dans le wok. Ensuite, les bananes sont frites pendant 5 minutes, en les retournant régulièrement. Ils s'égouttent ensuite sur du papier absorbant.

4. Divisez le chocolat en petits morceaux et mettez-le dans un bol avec le lait. Liquéfiez soit au bain-marie avec une casserole et un bol, soit dans un bol non métallique aux micro-ondes (500 watts pendant 1 minute). Versez la sauce sur les bananes encore chaudes.

PÊCHES À LA BIÈRE

Valeurs nutritionnelles : 480 kcals, glucides 58 g, lipides 24 g, protéines 8 g

Pour 6 portions
Temps de préparation : 45 min + 1 heure de repos
Difficulté: moyenne

Ingrédients:

200 g de farine
100 g de sucre
750 ml d'huile pour la friture
100 ml de lait
100 ml de bière
8 pêches
2 œufs + 2 blancs d'œufs supplémentaires
3 cuillères à soupe d'huile de tournesol
1 c. à thé de cannelle (moulue)
2 pincées de sel
Un peu de sucre en poudre

En outre, il est nécessaire
2 bols
1 fouet
1 spatule de cuisine
1 écumeur
Essuie-tout

Préparation:

1. Dans un bol, mélanger la farine, une pincée de sel et de cannelle. Cassez les deux œufs, battez-les et ajoutez-les à la farine. Fouetter et verser progressivement le lait et la bière.

2. Ajouter l'huile de tournesol et mélanger jusqu'à l'obtention d'une pâte homogène. Il macère pendant 1 heure au réfrigérateur.

3. Dans le deuxième récipient, les blancs d'œufs sont battus dans la neige ferme avec le reste du sel. Ces blancs neige sont très délicatement incorporés dans la pâte à bière à l'aide d'une spatule.

4. Lavez les pêches, pelez-les et piquez-les. Coupez-les en quatre et sucrez-les de tous les côtés.

5. Chauffer l'huile pour la frire dans un wok. Faites tremper les morceaux de pêche dans la pâte et faites-les frire dans l'huile pendant 5 minutes, en les retournant de temps en temps. Quand ils sont dorés de tous les côtés, ils sont prêts. Retirez les fruits du wok à l'aide de l'écumoire et placez-les sur une serviette en papier pour les égoutter. Enfin, saupoudrez les pêches de sucre en poudre.

BAIES DE GINGEMBRE

Valeurs nutritionnelles : 147 kcals, glucides 22 g, lipides 4 g, protéines 3 g

Pour 4 portions
Temps de préparation: 15 min
Difficulté: facile

Ingrédients:

250 g de fraises
250 g de framboises
125 g de bleuets
125 g de groseilles à maquereau
20 feuilles de menthe
8 crêpes aux amandes
1 morceau de gingembre (environ 1 cm)
1 chaux
1 sachet de sucre vanillé
Anis 1 étoile
4 cuillères à soupe de sucre de canne entier

En outre, il est nécessaire
1 était

Préparation:

1. Pelez le gingembre et râpez-le finement. Lavez le citron vert à l'eau chaude, coupez-le en deux et pressez son jus dans un bol.

2. Lavez, épongez et triez toutes les baies. Retirez également la queue des fraises. Mélanger doucement les baies, le gingembre et le jus de citron vert.

3. Chauffer le wok et faire sauter le fruit avec les deux variétés de sucre à température moyenne. Ajouter l'anis étoilé et chauffer pendant 5 minutes. Remuer régulièrement et doucement pour ne pas écraser les fruits.

4. Lavez la menthe, secouez-la pour sécher et retirez grossièrement les feuilles. Ils sont ensuite saupoudrés sur le dessert. Les biscuits aux amandes peuvent être servis entiers ou en morceaux sur le dessert.

POIRES AUX ÉPICES

Valeurs nutritionnelles : 263 kcal, glucides 61 g, lipides 1 g, protéines 1 g

Pour 4 portions
Temps de préparation: 40 min
Difficulté: facile

Ingrédients:

80 ml de sirop d'érable
6 poires Williams-Christ (fermes, pas trop mûres)
2 gélules de cardamome
Anis 1 étoile
1 bâton de cannelle
1 gousse de vanille
1/2 citron
1/2 orange
1 pincée de noix de muscade (râpée)

En outre, il est nécessaire
2 bols
Mortiers et pilons

Préparation:

1. Lavez l'orange et le citron à l'eau chaude. Prenez le zeste de l'orange en longues et fines bandes à l'aide d'un zeste. Ensuite, pressez les agrumes dans deux

récipients séparés. Ouvrez les capsules de cardamome et pilez les graines dans un mortier.

2. Lavez les poires, pelez-les et coupez-les en quatre. Après avoir enlevé le cœur, coupez-les en quatre. Arroser les morceaux de fruits de jus de citron. Divisez la gousse de vanille avec un couteau tranchant et extrayez la pulpe.

3. Chauffer le sirop et le jus d'orange dans le wok. Ajouter toutes les épices et porter le contenu à ébullition. Ajouter les tranches de poire et cuire à feu vif pendant 10 à 15 minutes, jusqu'à ce que le jus se soit évaporé. Les poires doivent être tendres et légèrement caramélisées. Ils sont idéaux pour accompagner un yaourt grec, des biscuits aux épices ou différentes variantes de fromage cottage.

POMMES CARAMÉLISÉES

Valeurs nutritionnelles : 470 kcals, glucides 49 g, lipides 28 g, protéines 7 g

Pour 4 portions
Temps de préparation : 45 min + 2 heures de repos
Difficulté: facile

Ingrédients:

250 g de mascarpone
110 g de sucre
40 g de beurre (salé)
8 biscuits au beurre
6 pommes
2 œufs
1 sachet de sucre vanillé
1/2 citron
2 cuillères à soupe de crème
2 pincées de fleur de sel

En outre, il est nécessaire
1 était
1 était
1 batteur à main
1 fouet

Préparation:

1. Lavez le citron à l'eau chaude, essuyez-le et pressez son jus dans un petit bol. Lavez les pommes, pelez-les

et coupez-les en quatre. Retirez le noyau et coupez les fruits en cubes. Frottez-les avec du jus de citron pour éviter qu'ils ne brunissent.

2. Faites fondre le beurre dans le wok et faites revenir les morceaux de pomme pendant 5 minutes à feu vif, en les remuant constamment. Ensuite, saupoudrez-les de 60 g de sucre et de sel. En remuant de temps en temps, ils caramélisent pendant encore 5 minutes. La crème est ensuite ajoutée. Le tout cuit pendant 3 minutes et doit ensuite refroidir.

3. Pour la crème de mascarpone, séparez les œufs et battez les jaunes d'œufs avec le reste du sucre dans le mélangeur électrique jusqu'à l'obtention d'une masse crémeuse. Ajouter le mascarpone et mélanger pendant environ 2 minutes jusqu'à ce que le mélange soit lisse.

4. Dans un bol, battre les blancs d'œufs dans la neige avec un fouet. Ils sont soigneusement incorporés dans la crème. Alternez des couches de mascarpone et des morceaux de pommes dans le verre.

3.10 EXCEPTIONNEL & CLASSIQUE

Comme vous pouvez le constater, de nombreux plats différents de la cuisine exotique et surtout de la cuisine asiatique convainquent également dans votre cuisine, avec peu d'effort et un arôme complet. Mais le wok ne serait pas un ustensile de cuisine universel et flexible s'il ne pouvait pas cuisiner au point des autres classiques habituels des autres cuisines. C'est pourquoi ce chapitre vous permettra de regarder au-delà des limites habituelles du wok et de nourrir votre créativité pour de nombreux autres plats.

FROMAGE FARCI

Valeurs nutritionnelles : 476 kcals, glucides 13 g, lipides 37 g, protéines 24 g

Pour 4 portions
Temps de préparation: 30 min
Difficulté: facile

Ingrédients:

4 tranches de halloumi
2 poivrons (verts) + 2 citrons

1 tomate
4 cuillères à soupe de farine
2 cuillères à soupe d'huile de tournesol

En outre, il est nécessaire
Essuie-tout

Préparation:

1. Rincez le fromage, essuyez-le et donnez-lui une poche sur le côté

2. Lavez les poivrons, coupez-les en deux et retirez les graines et les peaux. Ensuite, coupez-les en lanières. Lavez la tomate, incisez la peau croisée et arrosez-la d'eau tiède. Retirez la peau de la tomate et coupez seulement la chair dure en dés.

3. Mettez le poivre et la tomate dans le fromage et appuyez fermement sur les bords. Transformez le halloumi en farine. Lavez les citrons à l'eau chaude et coupez-les en quartiers.

4. Faites frire le fromage dans de l'huile chaude pendant 30 secondes de chaque côté. Réduire la température et cuire les pantoufles de fromage pendant 5 à 7 minutes. Égoutter sur du papier essuie-tout et servir avec du citron.

BŒUF STROGANOFF

Valeurs nutritionnelles : 440 kcals, glucides 2 g, lipides 33 g, protéines 31 g

Pour 4 portions
Temps de préparation: 40 min
Difficulté: facile

Ingrédients:

500 g de longe de bœuf
200 g de champignons de Paris
150 g de crème fraîche
100 ml de vin blanc (sec)
2 oignons
3 cuillères à soupe d'huile d'arachide (ou de tournesol)
2 cuillères à soupe de concentré de tomate
1 cuillère à soupe de moutarde
2 c. à thé de poudre de paprika
sel + poivre

Préparation:

1. Lavez la viande, essuyez-la et coupez-la en lanières. Peler et hacher les oignons. Nettoyez les champignons, essuyez-les et coupez-les en feuilles.

2. Dans une 1/2 cuillère à soupe d'huile, faire revenir la moitié des lanières de bœuf pendant 2 à 3 minutes.

Saler, poivrer et procéder de la même manière avec l'autre moitié. Réservez la viande.

3. Faire revenir les champignons et les oignons dans le reste de l'huile pendant 3 minutes à feu vif. Faites pivoter le contenu régulièrement et saupoudrez-le de paprika. Salez, poivrez et faites cuire encore 2 minutes.

4. Incorporer ensuite le concentré de tomates et verser le vin. Laisser mijoter le contenu du wok à feu doux pendant 2 minutes.

5. Incorporer la crème fraiche. Ajoutez ensuite la moutarde. Ajouter les lanières de bœuf en dernier et laisser mijoter le plat à basse température pendant 3 minutes dans la sauce.

ROULEAUX DE POT

Valeurs nutritionnelles : 414 kcals, glucides 8 g, lipides 38 g, protéines 12 g

Pour 4 portions
Temps de préparation: 50 min
Difficulté: facile

Ingrédients:

350 g de courgettes (1 copie plus épaisse)
250 g de fromage cottage
1 œuf
Jus de 1/2 orange
8 cuillères à soupe d'huile de noix
5 cuillères à soupe de parmesan (râpé)
3 cuillères à soupe de miettes de pain de mie
3 cuillères à soupe de vinaigre de vin blanc
2 c. à thé de miel
1 c. à thé de moutarde de Dijon (miel)
Sel + poivre

En outre, il est nécessaire
2 bols
1 pot

Préparation:

1. Pour la vinaigrette, mélanger 5 cuillères à soupe d'huile de noix, de miel, de moutarde et de jus

d'orange dans un bol. Ensuite, ajoutez le vinaigre, salez et poivrez le tout.

2. Dans un deuxième bol, mélanger le fromage cottage, le parmesan et les miettes. Battre l'œuf et le remuer. Assaisonner de sel et de poivre.

3. Lavez et nettoyez les courgettes et coupez-les en tranches aussi fines que possible. Faites-les cuire brièvement dans une casserole d'eau salée jusqu'à ce qu'ils soient flexibles. Rincez ensuite les tranches de courgettes à l'eau froide et épongez-les.

4. Étaler la masse de topfen sur les tranches de courgettes et rouler les légumes. Réparer à l'aide de cure-dents. Cuire les rouleaux de tous les côtés dans le reste de l'huile à feu vif pendant 2 à 3 minutes. Versez un peu de vinaigrette sur les rouleaux de fromage cottage.

PORC AIGRE-DOUX

Valeurs nutritionnelles : 315 kcals, glucides 25 g, lipides 12 g, protéines 25 g

Pour 4 portions
Temps de préparation : 45 min + 30 min marinade
Difficulté: facile

Ingrédients:
500 g de filet de porc
450 g d'ananas (boîte)
60 ml de vinaigre de riz
5 oignons de printemps
2 carottes
1 oignon
1 concombre
4 cuillères à soupe de jus d'ananas (boîte)
2 cuillères à soupe d'amidon
2 cuillères à soupe d'huile comestible
1 cuillère à soupe de sherry (sucré)
1 cuillère à soupe de sauce soja
1 cuillère à soupe de sucre
1/2 cuillère à café de sel

En outre, il est nécessaire
1 était le salaire
1 était
1 passoire

Préparation:

1. Lavez le porc, essuyez-le et coupez-le en tranches. Dans un plat, mélanger l'amidon, le xérès, la sauce

soja et la moitié du sucre. Couvrir la viande et faire mariner pendant 30 minutes au réfrigérateur.

2. Égoutter la marinade dans le bol à l'aide d'une passoire. Chauffer 1 cuillère à soupe d'huile dans le wok et faire revenir la viande en portions pendant 4 à 5 minutes à feu vif. Retirez le porc.

3. Pelez l'oignon et coupez-le en fines tranches. Pelez les carottes et coupez-les en fines tranches. Nettoyez les oignons de printemps et coupez-les en morceaux de 2 à 3 cm de long. Lavez le concombre, nettoyez-le et coupez-le en dés.

4. Chauffer 1 cuillère à soupe d'huile dans le wok. Les rondelles d'oignon y sont cuites à haute température pendant 3-4 minutes jusqu'à ce qu'elles deviennent transparentes. Ensuite, les carottes y sont sautées en remuant pendant 3-4 minutes. Ensuite, les autres ingrédients sont ajoutés.

5. Porter le contenu à ébullition et laisser mijoter pendant 2-3 minutes. Lorsque la sauce épaissit légèrement, ajoutez la viande. Lorsque tout est réchauffé, servez immédiatement.

AGNEAU MONGOL

Valeurs nutritionnelles : 430 kcals, glucides 22 g, lipides 27 g, protéines 21 g

Pour 2 portions
Temps de préparation : 20 min + 30 min marinade
Difficulté: facile

Ingrédients:

200 g de viande d'agneau (cuisse)
80 g d'abricots (séchés)
2 oignons
8 cuillères à soupe de bouillon de bœuf
2 cuillères à soupe d'huile
1 cuillère à soupe de vin de riz
1 c. à thé 5 épices en poudre
1/2 cuillère à café d'amidon
Sel + poivre

Préparation:

1. Lavez la viande, essuyez-la et coupez-la en lanières ou en dés. Frottez l'agneau avec 1/2 cuillère à café d'épices en poudre et d'amidon. Laisser reposer pendant environ 30 minutes.

2. Couper les abricots en deux et les arroser d'eau chaude. Ils y restent environ 30 minutes. Pelez les oignons et coupez-les en huit.

3. Chauffer l'huile dans le wok et saisir la viande pendant 1-2 minutes. Retirer l'agneau, le sel et le poivre. Faire revenir les oignons dans le reste de l'huile jusqu'à ce qu'ils soient dorés.

4. Versez ensuite tous les ingrédients dans le wok et mélangez-les ensemble. Laisser mijoter pendant 2 à 4 minutes jusqu'à ce qu'il soit temps de servir.

CANARD HOISIN AUX LÉGUMES

Valeurs nutritionnelles : 999 kcals, glucides 4 g, lipides 82 g, protéines 61 g

Pour 4 portions
Temps de préparation: 35 min
Difficulté: facile

Ingrédients:

350 g de chou pointu
220 g de poireaux
4 filets de magret de canard
Râpe à zeste d'orange 1
6 cuillères à soupe de sauce hoisin
1 c. à thé de graines de sésame

Préparation:

1. Chauffer le wok. Griller les graines de sésame sans graisse jusqu'à ce qu'elles soient aromatiques et légèrement dorées. Ensuite, retirez-les et mettez-les de côté.

2. Lavez la viande de canard, essuyez-la et saisissez-la avec la peau sans graisse supplémentaire pendant 5 minutes de chaque côté. Peut-être le faire plusieurs

fois par portions. Ensuite, retirez la viande et coupez-la en fines tranches avec un couteau tranchant.

3. Egoutter la graisse de canard dans le wok, à l'exception d'une cuillère à soupe. Nettoyez les poireaux et coupez-les en tranches. Lavez le chou pointu, triez-le et réduisez-le en fines lanières. Dans le reste de la graisse, faire revenir les légumes avec la peau d'orange pendant environ 5 minutes.

4. Remettez la viande de canard dans le wok et mélangez le tout. Après 2-3 minutes, ajouter la sauce aux huîtres. Retourner plusieurs fois pour que la viande soit bien enrobée de sauce. Saupoudrer le plat de sésame à la fin de la cuisson.

DHAL

Valeurs nutritionnelles : 255 kcals, glucides 20 g, lipides 13 g, protéines 13 g

Pour 4 portions
Temps de préparation : 1 h 15
Difficulté: facile

Ingrédients:

220 g de lentilles jaunes
4 feuilles de curry
2 gousses d'ail
2 oignons
1 morceau de gingembre (environ 1 cm)
2 cuillères à soupe d'huile de tournesol
1 cuillère à café de coriandre (moulue)
1 cuillère à café de sel
1 c. à thé de graines de cumin
1/2 cuillère à café de curcuma (moulu)
1/2 cuillère à café de garam masala
(Selon le goût, 1/2 cuillère à café de poudre d'assa-foetida, également appelée Stinkasant)

En outre, il est nécessaire
1 râpe

Préparation:

1. Pelez les légumes piquants, écrasez l'ail, hachez l'oignon et râpez le gingembre. Lavez les lentilles.

2. Remplissez un pot avec des lentilles et de l'eau. Le liquide doit être à environ 2,5 cm au-dessus des lentilles. Porter le tout à ébullition et écrémer l'eau avec un écumeur. Du curcuma, de la coriandre, du sel et des feuilles de curry sont ajoutés. Laisser mijoter le contenu à feu doux pendant environ une heure, jusqu'à ce que les lentilles soient légèrement molles.

3. Chauffer le wok avec l'huile et, si désiré, faire sauter la poudre d'assa-foetida pendant environ 30 secondes, en remuant. Ajoutez ensuite le cumin. Lorsque ceux-ci semblent sauter, ajoutez l'oignon et faites sauter pendant environ 5 minutes jusqu'à ce qu'ils soient dorés.

4. Puis ajouter l'ail, le gingembre et le garam masala. Après avoir mélangé le contenu du wok, ajoutez les lentilles. Après 2 minutes de cuisson en remuant, cette petite spécialité est prête.

TÊTES DE LION DU YANGTSÉ

Valeurs nutritionnelles : 455 kcals, glucides 18 g, lipides 33 g, protéines 22 g

Pour 2 portions
Temps de préparation: 1 heure.
Difficulté: moyenne
Ingrédients:
350 g d'épinards racinaires
300 g de porc haché
50 g de nouilles en verre
30 g de pousses de bambou (en conserve)
150 ml de bouillon de poulet
1 oignon de printemps
1 morceau de gingembre (environ 2 cm)
4 cuillères à soupe d'huile d'arachide
1 c. à soupe de vin de riz Shaoxing + 5 c. à thé de sauce soja
3 c. à thé d'amidon
1 c. à thé de sucre + sel
En outre, il est nécessaire
1 était
1 pot
1 passoire
Préparation:

1. Mettez la viande dans un bol. Égoutter les pousses de bambou dans une passoire. Nettoyez les oignons de printemps et hachez finement la partie blanche avec les pousses. Ajoutez tout à la viande. Assaisonner de sel, 2 cuillères à café d'amidon et 2 cuillères à café de sauce soja. Mélangez le tout.

2. Lavez les épinards et débarrassez-les de leurs racines. Blanchir les légumes à feuilles dans une casserole d'eau bouillante salée pendant 30 secondes. Rincez ensuite à l'eau froide dans une passoire et laissez égoutter. Versez de l'eau chaude sur les nouilles en verre et laissez-les égoutter. Coupez les nouilles en petits morceaux.

3. Dans le deuxième bol, dissoudre le reste de l'amidon dans 3 cuillères à soupe de bouillon. Incorporer ensuite le reste de la sauce soja ainsi que le sucre et l'alcool de riz.

4. Former 4 boulettes avec la masse de viande. Dans le wok chauffé, chauffer l'huile et faire dorer les boulettes de viande pendant environ 10 minutes. Ils sont ensuite enlevés. Il ne reste plus qu'un peu d'huile dans le wok.

5. Mettez les nouilles et les épinards dans la poêle spéciale. Placez les boulettes sur le dessus et remplissez avec le reste du bouillon. Couvrir et cuire pendant 20 minutes. Soulevez les boulettes et couvrez-les à moitié avec des nouilles en verre, puis placez les épinards sur le dessus. Pendant ce temps, la sauce épaissit et est légèrement versée sur le dessus.

PANEER AUX ÉPINARDS FRUITÉS

Valeurs nutritionnelles : 415 kcals, glucides 25 g, lipides 28 g, protéines 15 g

Pour 2 portions
Temps de préparation : 30 min + 4 h 30 de repos
Difficulté: moyenne

Ingrédients:
300 g d'épinards
150 g de tomates
100 g de lait de coco
1 l de lait
1 gousse d'ail
1 oignon
2 cuillères à soupe de jus de citron
1 c. à soupe de noix de coco râpée
1 cuillère à soupe d'huile
1 cuillère à café de curcuma
1 c. à thé de poudre de curry
Sel + poivre

En outre, il est nécessaire
1 pot
Linge de cuisine

Préparation:

1. Dans une casserole, faire bouillir le lait et 1/2 cuillère à café de sel. Ajoutez ensuite le jus de citron et chauffez à nouveau. Une masse semblable au fromage

cottage devrait se former lentement. Mettez un chiffon propre dans une passoire et versez-y le contenu de la casserole.

2. Rincez le contenu du tamis à l'eau froide et laissez-le reposer pendant 30 minutes. Ensuite, pressez légèrement et formez un bloc dans le linge. Le tout doit maintenant être pondéré pendant 4 heures. Le bloc est ensuite découpé en cubes de 2 cm.

3. Lavez les épinards, triez-les et hachez-les grossièrement. Coupez les tomates en croix et ébouillantez-les dans de l'eau chaude. Retirez la peau des tomates et coupez la chair en huit. Pelez l'ail et l'oignon et hachez-les finement.

4. Sans graisse, les noix de coco râpées sont rôties dans un wok chauffé jusqu'à ce qu'elles soient dorées. Ils sont mis de côté. Ensuite, faites chauffer l'huile dans le wok et faites revenir l'oignon et l'ail pendant 1 minute. Les épinards se décomposent ensuite dans le wok, en remuant constamment.

5. Ajouter le lait de coco et les tomates. Ajouter les épices au wok. Chauffer le paneer coupé en dés sur les épinards et mélanger doucement. Saupoudrer le plat de râpé.

POMMES DE TERRE ET SAUCISSES POÊLÉES

Valeurs nutritionnelles : 522 kcals, glucides 45 g, lipides 28 g, protéines 21 g

Pour 4 portions
Temps de préparation: 1 heure
Difficulté: facile

Ingrédients:

500 g de pommes de terre
500 g de patates douces
200 g de brocoli
125 ml de purée de tomates
6 saucisses au chorizo
2 gousses d'ail
1 oignon
1 poivre (rouge)
2 cuillères à soupe d'huile comestible
2 c. à soupe de feuilles de persil
Sel + poivre

Préparation:

1. Chauffez le wok et faites pivoter l'huile dedans. Pelez les deux types de pommes de terre et coupez-les en dés. Faites-les sauter jusqu'à ce qu'ils soient légèrement dorés. Retirez le contenu et laissez égoutter sur du papier absorbant.

2. Couper les saucisses en diagonale en tranches épaisses. Ils atterrissent dans le wok pendant 3-4 minutes sur un feu élevé. Ensuite, égouttez-les sur du papier absorbant.

3. Pelez l'ail et coupez-le en fines tranches. Pelez l'oignon et coupez-le en huit. Lavez le brocoli, séchez-le et coupez-le en grappes. Lavez les poivrons, coupez-les en deux et retirez le cœur et la peau. Ensuite, coupez les légumes rouges en lanières épaisses,

4. Faire revenir l'ail et l'oignon pendant 2 minutes. Ajoutez ensuite le brocoli et les poivrons pendant 1 minute. Versez ensuite la purée de tomates et ajoutez les tranches de saucisse. Garnir de persil.

ORANGE DE CANARD

Valeurs nutritionnelles : 710 kcals, glucides 25 g, lipides 40 g, protéines 9 g

Pour 4 portions
Temps de préparation: 45 min
Difficulté: moyenne

Ingrédients:

1,5 kg de pack chow
1 kg de canard rôti (environ 1 pièce)
175 ml de jus d'orange
50 ml de bouillon de poulet
2 gousses d'ail
1 oignon
1 orange
1 cuillère à soupe d'huile comestible
2 c. à thé de gingembre (râpé)
2 cuillères à café de sucre de canne brut
2 c. à thé d'amidon

Préparation:

1. Lavez, séchez et videz le canard. Ensuite, coupez la viande en tranches. Coupez un peu de peau croquante pour la décoration et transformez-la en fines lanières.

2. Peler et couper l'oignon en tranches. Il est immergé dans l'huile chaude du wok pendant 3 minutes.

Ajoutez ensuite l'ail pressé et le gingembre pendant 2 minutes.

3. Lavez l'orange à l'eau chaude, séchez-la et débarrassez-vous de son écorce. Utilisez uniquement la partie orange de l'écorce. Ceci est ajouté aux oignons avec du jus d'orange, du bouillon et du sucre.

4. Desserrer l'amidon dans un peu d'eau. Mélanger dans le wok et porter à ébullition en remuant constamment. Le fond devrait s'épaissir. Laisser mijoter la viande dans la sauce pendant 2 minutes. Ensuite, retirez la viande du wok et gardez-la au chaud.

5. Détachez le chow de l'emballage, lavez-le et secouez-le pour le sécher, retirez les tiges dures de la salade et coupez-le en morceaux si nécessaire. Couvrir et cuire étouffé dans le wok avec 2 cuillères à soupe d'eau jusqu'à ce que les feuilles soient tendre.

6. Prendre des filets d'orange. Disposez le pack chow sur l'assiette comme un lit. Disposer les tranches de canard sur le dessus. Utilisez des filets d'orange et des tranches croustillantes comme garniture.

CAROTTES POÊLÉES ORIENTALES ET PATATES DOUCES

Valeurs nutritionnelles : 363 kcals, glucides 61 g, lipides 11 g, protéines 4 g

Pour 4 portions
Temps de préparation: 1 heure
Difficulté: facile
Ingrédients:
500 g de patate douce (environ 2)
70 g de raisins secs
8 tiges de coriandre
4 carottes
2 oignons
1 gousse d'ail
1 orange
1/2 citron
2 cuillères à soupe d'huile d'olive
1 cuillère à soupe de miel
1 c. à thé de cumin (moulu)
1/2 cuillère à café de poudre de curry
1/2 cuillère à café de cannelle (moulue)
Sel + poivre
En outre, il est nécessaire
1 pot
1 conteneur

Préparation:

1. Pelez les pommes de terre et coupez-les en cubes de 2 cm. Faites-les cuire dans une casserole d'eau bouillante salée pendant environ 10 minutes. Ensuite, égouttez-les et mettez-les de côté.

2. Pelez les oignons et coupez-les en tranches. Pelez l'ail et hachez-le finement. Pelez les carottes et coupez-les en deux dans le sens de la longueur. Ensuite, coupez ces moitiés de carottes en fines tranches. Lavez l'orange et le citron, coupez-les en deux et pressez-les dans un récipient.

3. Chauffez d'abord le wok, puis l'huile. Faites-y suer les oignons pendant 2 minutes en les remuant constamment. Ensuite, saupoudrez-les de cannelle, de cumin et de poudre de curry. Ajoutez ensuite les tranches de carottes, les raisins secs et l'ail. Bien mélanger le contenu, saler et poivrer. Tout cuit pendant encore 2 minutes.

4. Versez le mélange de miel et de jus d'agrumes sur le contenu de la casserole. Couvrir et cuire pendant 10 minutes à feu doux.

5. Ajouter les cubes de patates douces au wok et ajuster l'assaisonnement. Lavez la coriandre, secouez-la pour la sécher et hachez finement ses feuilles feuillues. Après environ 5 minutes de cuisson supplémentaire, saupoudrez le plat avec les feuilles de coriandre pour décorer et servir.

ŒUFS BROUILLÉS AVEC DES LÉGUMES EN INDE

Valeurs nutritionnelles : 220 kcals, glucides 5 g, lipides 16 g, protéines 14 g

Pour 2 portions
Temps de préparation: 20 min
Difficulté: facile

Ingrédients:

4 œufs
3 oignons de printemps
1 gousse d'ail
1 tomate
1 poivre (vert)
1 piment (vert)
1/2 bouquet de feuilles de coriandre
1 cuillère à soupe d'huile végétale
1 pincée de poudre de curcuma
1 pincée de cumin (moulu)
1 pincée de garam masala
Sel

Préparation:

1. Cassez les œufs et battez-les soigneusement avec du sel. Peler et hacher l'ail. Lavez le vert de la coriandre, secouez-le pour le sécher et hachez les tiges et les feuilles.

2. Lavez et nettoyez le poivre et la tomate et coupez-les en petits dés. Lavez et nettoyez les oignons de printemps et coupez-les en fines tranches. Coupez le poivre en deux, retirez les graines et hachez-le finement.

3. Chauffer le wok puis l'huile. Faire revenir les oignons et l'ail. Ajouter les épices et les légumes pendant environ 2 minutes, en remuant constamment.

4. Versez les œufs sur le contenu du wok et mélangez-les jusqu'à ce qu'ils deviennent grumeleux. Lorsque tout est légèrement doré et ferme, servez le plat avec des galettes de pain.

PAELLA AU WOK

Valeurs nutritionnelles : 608 kcals, glucides 22 g, lipides 32 g, protéines 60 g

Pour 6 portions
Temps de préparation : 1 h 30
Difficulté: facile

Ingrédients:
400 g de riz à grains longs
250 g d'anneaux de calmar
100 g de pois (congelés ou frais)
100 g de chorizo (sucré)
0,2 g de filaments de safran (environ 2 petites boîtes)
30 moules (fraîches)
18 crevettes (crues)
6 cuisses de poulet
4 tomates
3 oignons
2 gousses d'ail
1 poivre (rouge)
1 poivre (vert)
5 cuillères à soupe d'huile d'olive
Sel + poivre

En outre, il est nécessaire
1 pot

Préparation:

1. Dans une casserole, faire bouillir 800 ml d'eau et laisser infuser les filaments de safran. Lavez les

tomates et incisez la peau croisée. Versez de l'eau chaude sur les tomates et retirez la peau. Coupez les tomates en quatre, retirez les graines et coupez la chair en dés.

2. Pelez les oignons et coupez-les en fines lanières. Pelez l'ail et hachez-le finement. Lavez les poivrons, coupez-les en deux et retirez les graines et la peau. Ils sont ensuite transformés en bandes.

3. Pelez le chorizo et réduisez-le en fines tranches. Nettoyez soigneusement les moules sous l'eau courante et égouttez-les. Chauffer 1 cuillère à soupe d'huile dans un wok chaud. Faire revenir les cuisses de poulet pendant 8 à 10 minutes, jusqu'à ce qu'elles soient dorées. Ajouter la saucisse et la cuire pendant 2 minutes. Placez le tout dans une assiette.

4. Dans le reste de l'huile, faites suer les oignons pendant 1 minute à feu vif, en les remuant constamment. Des tranches de poivre sont ajoutées pendant 3 minutes. Réduire la température et ajouter la tomate et l'ail pendant 2 minutes. Salez et poivrez tout à votre goût.

5. Ajouter le riz au wok. Il devient alors translucide. Ajoutez d'abord les pois et les cuisses de poulet, puis les saucisses et les calmars. Enfin, ajoutez les crevettes et les moules. Le tout est complété par de l'eau safran.

6. Cuire à couvert à basse température, en remuant de temps en temps pendant environ 30 minutes. Si le fond du wok est susceptible de s'attacher, il suffit d'ajouter de l'eau et de détacher le tout.

4. Conclusion

Je peux littéralement sentir votre enthousiasme pour la préparation de la nourriture avec le wok. Contrairement à ce que beaucoup de gens pensaient auparavant, travailler avec cette casserole spéciale offre beaucoup plus de potentiel qu'on ne le pensait initialement. Mais vous remarquerez aussi que la partie théorique de ce livre est en fait nécessaire au début, afin de pouvoir intégrer le meilleur équipement et les gestes pragmatiques dans ce feu d'artifice culinaire. Que ce soit pour une conversation de bon goût à table, pour une petite collation ou dans le cadre d'un somptueux et impressionnant dîner (en famille), le wok vous rendra toujours un grand service et vous apportera de merveilleux atouts pour cuisiner à la maison. En suivant les conseils pour utiliser cette poêle de Chine, vous et vos proches apprécierez non seulement de délicieux repas, mais aussi un plaisir gustatif particulièrement intense à base d'huiles, d'herbes, de légumes et de nombreux autres produits naturels de qualité. Grâce à la méthode de cuisson rapide, le wok vous fait également gagner un temps fantastique - car s'il y a une chose que vous n'avez pas en réserve, c'est du temps pour tout le monde! Mais les plats rapidement préparés au wok permettent une alimentation saine et variée tous les jours, à midi ou le soir, seul ou à la maison. Mais les aspects positifs ne s'arrêtent pas là, le wok vous offre également, à vous et à vos proches, un apport alimentaire riche sans gaspillage d'ingrédients. Les protéines, les acides gras insaturés et de nombreuses substances végétales importantes ont un effet positif sur votre système immunitaire, votre constitution physique et mentale ainsi que votre énergie pendant la journée - et en outre, ces plats de wok et bien d'autres vous offrent des gestes simples et bien sûr un goût pur. L'exotisme des plats traditionnels préparés au wok exerce toujours une attraction particulière. Et grâce à votre expérience du wok, vous pourrez préparer encore plus de repas dans cette poêle spéciale, en toute simplicité – essayez-la et restez passionné par le wok!

Légal

Doan Nhu Dang

2022

ISBN: 9798359780223

1ère édition

Contact: Markus Mägerle/ Am Kreisgraben 17/ 93104 Riekofen/ Allemagne

Printed in France by Amazon
Brétigny-sur-Orge, FR